教育部人文社会科学重点研究基地北京外国语大学中国外语与教育研究中心资助

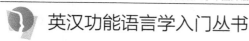
英汉功能语言学入门丛书

总主编 黄国文 何 伟

汉语功能语义分析

FUNCTIONAL SEMANTIC ANALYSIS OF CHINESE

何 伟 张瑞杰 淡晓红 张 帆 魏 榕 著

外语教学与研究出版社
FOREIGN LANGUAGE TEACHING AND RESEARCH PRESS
北京 BEIJING

图书在版编目（CIP）数据

汉语功能语义分析 / 何伟等著. –– 北京：外语教学与研究出版社，2016.10
（2019.3 重印）
（英汉功能语言学入门丛书 / 黄国文，何伟总主编）
ISBN 978-7-5135-8213-1

Ⅰ. ①汉… Ⅱ. ①何… Ⅲ. ①汉语-语义分析 Ⅳ. ①H13

中国版本图书馆 CIP 数据核字（2016）第 262353 号

出 版 人　徐建忠
项目负责　毕　争　董一书
责任编辑　毕　争
封面设计　孙莉明　郭　莹
出版发行　外语教学与研究出版社
社　　址　北京市西三环北路 19 号（100089）
网　　址　http://www.fltrp.com
印　　刷　北京虎彩文化传播有限公司
开　　本　650×980　1/16
印　　张　12.5
版　　次　2017 年 5 月第 1 版　2019 年 3 月第 4 次印刷
书　　号　ISBN 978-7-5135-8213-1
定　　价　49.90 元

购书咨询：（010）88819926　电子邮箱：club@fltrp.com
外研书店：https://waiyants.tmall.com
凡印刷、装订质量问题，请联系我社印制部
联系电话：（010）61207896　电子邮箱：zhijian@fltrp.com
凡侵权、盗版书籍线索，请联系我社法律事务部
举报电话：（010）88817519　电子邮箱：banquan@fltrp.com
物料号：282130101

目　录

第三章　心理过程

总　序

　　当代语言学理论可归为两大类别：一是以人类学和社会学为基本指导的功能语言学，一是以哲学和心理学为基本指导的形式语言学。在功能语言学阵营内，影响比较大的应属韩礼德（M. A. K. Halliday，1925—）创立而发展的系统功能语言学。自20世纪50年代末，韩礼德提出阶与范畴语法以来，该理论经过系统语法、功能语法、系统功能语法和系统功能语言学、社会符号学等阶段的发展，如今已成为一门普通语言学和适用语言学。系统功能语言学之所以被称为一门普通语言学和适用语言学，是因为它的创立和发展是为了描述、分析和解释人类的自然语言事实，同时又是以解决与语言有关的问题为导向的。

　　在系统功能语言学的发展和完善过程中，其本体理论中的句法和语义研究，以及其拓展和应用探讨中的语篇分析、翻译研究、语法隐喻研究、评价语言分析、文体分析、多模态分析、语言教学研究等都得到了普遍重视。换言之，学界在最近二三十年里对上述主题的比较全面而系统的研究极大地推动了系统功能语言学的发展，使其具有了作为一门普通语言学和适用语言学的学科地位。

　　在中国，该理论自20世纪70年代末由方立、胡壮麟和徐克容三位学者合作撰文推介以来，在过去三十多年里已经得到了比较全面的发展。我们曾于2010年至2011年为学界推出了"功能语言学丛书"（也由外语教学与研究出版社出版，共10部），梳理了系统功能语言学在中国三十多年的发展成果，目的是在前期研究基础上，提出一些比较有意义的研究话题，供学界参考，从而进一步促动系统功能语言学在中国的发展。

　　时至今日，系统功能语言学在中国有了进一步的发展，尤其是在本土化研究领域。不少学者在对英语进行系统功能视角研究的基础上，还基于系统功能语言学思想，对汉语进行了比较系统而深入的探讨，形成了许多很好的见解。在这种情况下，我们通过与相关学者和出版社的多次沟通，提出编撰"英汉功能语言学入门丛书"的构想。

丛书的总体想法是邀请相关学者从系统功能语言学视角分别对英语和汉语进行系统性的研究，从而推出一套既有益于英语学界读者，又有益于汉语学界读者，同时也有益于从事英汉语言对比研究的学者的系统功能语言学入门丛书。这样一方面可以为学界推介和完善系统功能语言学理论，另一方面也可以推动系统功能语言学理论的本土化研究。

在写作语言和主题安排方面，丛书的构想是有关英语研究的书稿用英语写成，有关汉语研究的书稿用汉语写成；针对一个主题，同一位作者从系统功能语言学视角同时负责英语和汉语两本书稿的撰写工作。这样有利于读者对相同理论思想的深入了解，促使其熟悉该理论思想指导下的英语和汉语研究路径，以及两种语言在同一视角下的相同点及不同点，从而帮助其进一步拓宽自身的语言学视野，提高自身的语言研究水平及应用能力。

丛书系开放性读本，我们先推出8册，分别是由何伟教授负责的《英语功能句法分析》、《汉语功能句法分析》、《英语功能语义分析》、《汉语功能语义分析》，苗兴伟教授负责的《英语语篇分析》、《汉语语篇分析》，以及司显柱教授负责的《英译汉翻译研究功能途径》、《汉译英翻译研究功能途径》。

丛书秉承功能思想，全方位呈现上述主题的内容，具有知识性、规范性和应用性等鲜明特点，对英汉功能语言学的研究和应用具有重要的指导意义。在体例上遵循如下编撰原则：一、同一主题的英语和汉语分册在章节内容安排上基本保持一致；二、每册书分为若干章节内容，同时包括前言、术语缩写表、参考文献、练习题和答案；三、每一章包括引言、主体内容、结语以及依据内容而编写的三个类型的练习题。

丛书的编撰和出版得到了中国系统功能语言学界许多专家学者、北京外国语大学中国外语与教育研究中心以及外语教学与研究出版社的鼎力支持，在此一并对其表示衷心的感谢。

黄国文、何伟

2015年2月14日

前　言

系统功能语言学是当代影响最大的语言学流派之一。自20世纪70年代末由胡壮麟等学者引入中国以来，我国功能语言学界已经把对该理论的研究往本土化方向推进了一步，主要是对句法和语篇分析领域的研究，虽也有一些涉及语义层面及物性系统的研究，然而大多不够系统和全面。有鉴于此，我们致力于汉语及物性系统研究，撰写了《汉语功能语义分析》一书。

严格意义上讲，此作题名应为《汉语及物性分析》，但鉴于传统语言学研究中，语义研究主要限于所指意义（referential meaning），相当于系统功能语言学理论中由及物性体现的经验意义，因而为了便于读者，尤其是系统功能语言学领域以外读者的接受，我们特此使用一个上义词来概括本书的研究内容，将书名最终定为《汉语功能语义分析》。

本书从系统功能语言学角度对人类各种经验活动在汉语中的表征进行探讨，目的是呈现一个比较完整的涉及活动类型及参与者角色的汉语及物性系统网络。

全书共由九章组成。**第一章**为绪论，主要是综述学界有关及物性的研究情况，目的是通过回顾及物性理论在国内外的发展和再发展情况，厘清系统功能语言学及物性理论的发展脉络，揭示以往研究的特点以及存在的问题和不足，从而建构一个比较完整的汉语及物性系统网络。

第二章　描述和讨论一种主要活动类型的表征方式，即动作过程。动作过程建构人类经验活动中的"做"、"发生"以及"……使……做或发生"，涉及一个、两个或三个参与者角色。参与者角色可以为具体或抽象的物，也可以是情形，即发生的事件。

第三章　描述和讨论另一种主要活动类型的表征方式，即心理过程。心理过程建构人类经验活动中的"情感"、"愿望"、"感知"和"认知"，以及"使……具有什么情感、愿望、感觉或认识"，涉及一个或两个参与者角色，不过以两个为主。

第四章　描述和讨论第三种主要活动类型的表征方式，即关系过程。关系过程建构人类对事物之间关系的判断，这些关系涉及"归属"、"识别"、"位置"、"方向"、"拥有"和"关联"，以及"……使……具有归属、识别、位置、方向、拥有或关联关系"。参与者角色一般有两个，也有的涉及三个。

第五章　描述和讨论一种边界活动类型的表征方式，即行为过程。行为过程建构人类自身的生理活动经验以及"……使……产生生理活动"，主要涉及一个参与者角色，有时也涉及两个参与者角色。

第六章　描述和讨论另一种边界活动类型的表征方式，即交流过程。交流过程建构人类的言语和表意交流过程以及"……使……进行交流活动"，涉及两个或三个参与者角色。

第七章　描述和讨论第三种边界活动类型的表征方式，即存在过程。存在过程建构人类对"特定空间或时间下存在、出现某物或某物消失"现象的认识。尽管人类活动中也存在促使"特定空间或时间下存在、出现某物或某物消失"现象的发生，不过，这种现象为数不多。此类过程一般涉及两个参与者角色，但有时其中一个为隐性参与者角色，所以在语义配置结构中，可表现为"存在过程＋存在方"。

第八章　描述和讨论一种特殊活动类型的表征方式，即介于存在过程和关系过程之间的，关于天气现象的一种过程。这种过程不涉及参与者角色，活动类型主要由"过程＋过程延长成分"建构。

第九章　为语篇分析案例。前面几章分别探讨了各种过程类型，本章综合运用前面各章节建构的系统网络，对实际语篇进行分析，以体现本书所描述的及物性系统网络的实践价值。这也正符合Halliday所强调的发展系统功能语言学的一个主要目的，即"为语篇分析提供一个可操作的功能语法"。

此外，本书的最前面收录了术语缩略表，以方便读者阅读。在每一章的后面都附有供读者延伸思考或验证所讲理论的练习，以加深读者对理论内容的理解。

本书的总体框架由我设计，书中的主要观点由我提出，章节的初步撰写由我本人、张瑞杰、淡晓红、张帆和魏榕负责，统稿、修稿及最终定稿均由我本人负责。如有不当之处，自当负主要责任。

在本书的撰写过程中，我们力求文字准确无误，叙述简洁清晰，举例典型恰当。然而，由于时间、水平所限，疏误之处在所难免，敬请广大读者、专家学者批评指正。

最后，感谢系统功能语言学创始人Halliday先生以及系统功能语言学加的夫模式创始人Fawcett教授的鼓励，感谢教育部长江学者特聘教授黄国文教授的支持，感谢北京外国语大学中国外语教育与研究中心的资助。

何伟

2016 年 12 月 1 日

术语缩写表

动作过程

PR	= Participant Role	参与者角色	
Ag	= Agent	施事	
Pro	= Process	过程	
PrEx	= Process Extension	过程延长成分	
Af	= Affected	受事	
Cre	= Created	创造物	
Ra	= Range	范围	
Ma	= Manner	方式	
Dir	= Direction	方向	
So	= Source	来源	
Pa	= Path	路径	
Des	= Destination	目的地	
Ag-Ca	= Agent-Carrier	施事–载体	
Af-Ca	= Affected-Carrier	受事–载体	
Af-Perc	= Affected-Perceiver	受事–感知者	
Af-Ph	= Affected-Phenomenon	受事–现象	
Af-Posr	= Affected-Possessor	受事–拥有者	
Af-Posd	= Affected-Possessed	受事–拥有物	
Af-Dir	= Affected-Direction	受事–方向	
Af-So	= Affected-Source	受事–来源	
Af-Pa	= Affected-Path	受事–路径	
Af-Des	= Affected- Destination	受事–目的地	

心理过程

Em	= Emoter	情感表现者	
Desr	= Desiderator	意愿表现者	
Perc	= Perceiver	感知者	
Cog	= Cognizant	认知者	
Ag-Perc	= Agent-Perceiver	施事–感知者	
Ag-Cog	= Agent-Cognizant	施事–认知者	
Af-Em	= Affected-Emoter	受事–情感表现者	
Af-Desr	= Affected-Desiderator	受事–意愿表现者	

Af-Perc	= Affected-Perceiver	受事–感知者
Af-Cog	= Affected-Cognizant	受事–认知者
Ph	= Phenomenon	现象
Cre-Ph	= Created-Phenomenon	创造物–现象

关系过程

Ca	= Carrier	载体
At	= Attribute	属性
Tk	= Token	标记
Vl	= Value	价值
Ir	= Identifier	识别者
Id	= Identified	被识别者
Loc	= Location	位置
Posr	= Possessor	拥有者
Posd	= Possessed	拥有物
Cor	= Correlator	相关方

行为过程

| Behr | = Behaver | 行为方 |

交流过程

Comr	= Communicator	交流方
Comd	= Communicated	交流内容
Comee	= Communicatee	交流对象

存在过程

| Ext | = Existent | 存在方 |

第一章
绪　论

1.1　引言

　　及物性（transitivity）是语法研究的核心概念。传统语法认为，及物性的研究对象是动词，可以根据动词是否后接宾语的标准来区分"及物性动词"（transitive verb）和"不及物性动词"（intransitive verb）。不过，这种二分法难以解释不少英语动词都可以归为不止一种动词类型的现象。为尽量减少这种动词归类重叠现象，系统功能语言学创始人Halliday将及物性概念提升到小句层次，他（Halliday 1966/1976）认为，及物性涉及整个小句的"内容"，涵盖过程、过程中的参与者以及与之相关的环境成分。Halliday的这种阐释扩展了及物性只用来表达过程类型，如"及物性动词"和"不及物性动词"的狭窄含义。众所周知，系统功能语言学以语言功能解释语言结构，认为语言具有三大元功能（或意义维度），即概念功能（包括经验功能和逻辑功能）、人际功能和语篇功能。因此，在系统功能语言学框架内，及物性是表达概念功能的语义系统，是关于小句表述的过程类型以及所涉及的参与者和环境成分的系统网络。

　　为了全面而系统地描述汉语及物性系统，解读汉语如何表征人类的经验活动，我们在本章主要回顾学界的及物性相关研究，概述及物性理论在国内外的发展和再发展情况，梳理系统功能语言学及物性理论的发展脉络，以期通过呈现以往研究的特点及其存在的问题和不足，来进一步完善英语及物性系统网络，并建构一个比较完整的汉语及物性系统网络，最终推动及物性理论的进一步发展和完善。如果读者对历史的沿革不感兴趣，可直接跳到本章的倒数第二小节。

本书其他章节将根据本章整体建构的汉语及物性系统网络，分别进一步描述和讨论表征不同经验活动的过程类型及其语义配置结构。

在展开详细内容之前，我们需要说明本书为什么题为《汉语功能语义分析》，而不是《汉语及物性分析》。基于系统功能思想，意义有三个维度：概念意义、人际意义和语篇意义，概念意义又划分为经验意义和逻辑意义，而本书聚焦于其中的一个维度，即经验意义。从这一角度讲，本书题为《汉语功能语义分析》似乎过于概括。不过，从传统角度来看，语义主要指语言的指称意义，也就是系统功能语言学中的经验意义。因此，我们把书名定为《汉语功能语义分析》也是合理的。此外，在系统功能语言学框架内，经验意义与其他维度的意义相比内容最为丰富，并且经验意义是谈论其他意义的基础。综上考虑，我们最终将书名定为《汉语功能语义分析》。

1.2　及物性理论研究溯源

系统功能语言学及物性研究最早可以追溯到20世纪60年代。英国语言学家、系统功能语言学派创始人Halliday在60年代发表了一系列论文，第一次将及物性的研究对象从动词扩展到小句，对小句及物性进行了系统的分析。我们认为Halliday及物性语义系统理论的发展过程是一个连续体（continuum），包括萌芽阶段、雏形阶段、形成阶段和成型阶段，与之相对应的及物性发展顺序则是——系统概念的出现、首个及物性系统网络的构建、及物性系统网络的语义化以及全面的语义系统网络的成型。

1.2.1　萌芽阶段

1961年，Halliday发表了《语法理论的范畴》（"Categories of the theory of grammar"）（Halliday 1961），这篇论文通常被认为是他早期理论的代表作。论文中，Halliday提出了四个语法范畴和三个级阶。四个语法范畴分别为单位（unit）、结构（structure）、类别（class）和系统（system）；三个级阶分别为级（rank）、说明（exponence）和精密度（delicacy）。系统和精密度的应用主要体现在对词汇（lexis）的处理上。Halliday（1961，2002a/2007：54）认为，"语法学家的梦想是且必须是进行不停的领域扩张（因为这是语法的本质），试图把所有的语言形式都纳入研究范围，希望把词汇定义为'最精密的语法'，随之词汇的出口将被关闭，所有的说明项都将进入系统"。在此阶段，Halliday没有提出小句及物性概念，但是"语法学家的梦想"为他提出及物性理论奠定了基础，因为及物性是一个依照精密度排列的系统网络。

1.2.2　雏形阶段

1964年，Halliday（1964/1976，2002a/2007）在印第安纳大学关于英语描写的课程内容中，第一次构建了及物性系统网络框架，如图1-1所示：

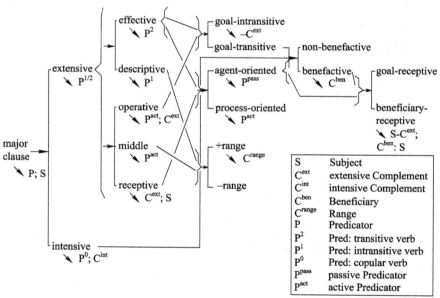

图1-1　Halliday 的及物性系统网络（1964/1976，2002a/2007：136）

Halliday（1964/1976，2002a/2007）认为，在四个语法范畴中，系统比单位、结构和类别更加重要，精密选择可以通过网络将"词汇"和"语法"融入一个单一系统。及物性是一个基于基本小句（major clause）的系统，涉

3

及小句表达的过程类型、过程中有生命或无生命的参与者以及与过程和参与者有关的各种属性和环境（Halliday 1964/1976）。从结构上看，过程与小句成分谓体相关，参与者与小句成分主语和补语相关；而属性和状语相关，环境成分与补语相关。这些小句成分都可以通过在右上角添加一个上标作进一步区分：如 P^{act}（主动谓体）、C^{int}（内包补语）。每个成分可以通过独立出现或者与其他成分一起出现，来实现系统网络中的一个或一系列特征。例如施事（operative）这一语义特征可以通过 C^{ext}（外包补语）得以体现。事实上，Halliday 的首个及物性系统不是纯粹的及物性系统，该系统不仅涉及及物性成分，而且包含小句结构成分（主语［S］、谓语［P］、补语［C］）。

1.2.3　形成阶段

1967 年，Halliday 发表了《英语及物性与主位札记——第一部分》（"Notes on transitivity and theme in English: Part 1"）（Halliday 1967），并在文中重新绘制了及物性系统网络图。

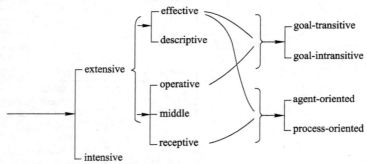

图 1-2　Halliday 的及物性系统网络（1967：47）

Halliday（1967：52）强调，及物性系统是根据小句中的组合关系（syntagmatic relation）和聚合关系（paradigmatic relation）来定义的。在该阶段，Halliday 的及物性系统网络根据是否涉及动作的标准，将小句分为涉及动作的外包型（extensive）和不涉及动作的内包型（intensive）；根据动作是否涉及指向性的标准，将外包型分为施效型（effective）和描述型（descriptive）；根据谓体的语态，将施效型分为施事（operative）、中动（middle）和受事（receptive）。

Halliday（1967：39）指出，及物性"过程"既包括动作（action）或行为（doing）（包括感知［perception］），也包括归属（ascription）或状态（being）（包括描述［description］和识别［identification］）。他同时提出五个主要参与者角色——动作者（Actor）、发动者（Initiator）、目标（Goal）、属性承担者（Attribuant）和属性（Attribute），以及四种类型的"环境成分"（circumstantial element），即受益者（Beneficiary）、范围（Range）、属性（Attribute）和条件（Condition）；并且区分了目标–及物型（goal-transitive）和目标–不及物型（goal-intransitive）以及过程–指向型（process-oriented）和施动者–指向型（agent-oriented）的特征。事实上，在该系统网络中，Halliday 使用的是"非正式的语义学术语"（informal semantic terms）（Halliday 1967：39），确定了及物性过程和参与者角色。

1968 年，Halliday 发表了《英语及物性与主位札记——第三部分》（"Notes on transitivity and theme in English: Part 3"）（Halliday 1968），对及物性系统进行了进一步探讨。他从功能角度出发，解决了及物性成分命名缺少语义特征的问题，正式提出小句的三个过程类型，即动作（action）过程、关系（relational）过程和心理（mental）过程（1968：181）。另外，在对动作过程小句的分析中，Halliday（1968）引入"作格"（ergative）分析和"使役性"（causative）特征，并且强调"英语中的及物性和作格同时存在……但是作格占主导地位"（1981：182）。关系过程包括归属（intensive）过程和等价（equative）过程，二者都是带有 be 动词的小句，只不过前者反映的是一种包含关系（如 Mary is happy），而后者反映的是一种识别关系（如 Mary is the leader）。此阶段的心理过程主要有四个子类：反应（reaction）（如 he liked the play）、感知（perception）（如 he heard a noise）、认知（cognition）（如 he believed the story）和言语表达（verbalization）（如 he said he was coming）。Halliday（1968）还为过程类型增添了新的参与者角色："作格分析"中的引起者（Causer）和受影响者（Effected）、关系过程中的识别者

（Identifier）和被识别者（Identified）以及心理过程中的现象（Phenomenon）。

Halliday 将及物性研究在"功能语法"和"语义系统"方面推进了一大步，他（Halliday 1968：209）意识到"我们似乎可以在英语语法中建立四个组成部分（component），来代表语言作为交流系统所需要实现的四种功能：经验功能（experiential function）、逻辑功能（logical function）、语篇功能（discoursal function）以及言语功能或人际功能（interpersonal function）"。其中，经验功能或许是最主要的功能，而及物性系统是小句的经验功能的表征。但他（Halliday 1968：189）同时指出，"及物性功能是行为小句的基本功能，而作格功能似乎对所有的过程类型（实际上是所有的小句类型），包括关系过程和心理过程而言都是普遍性的"。我们认为，既然"作格占主导地位"，那么作格分析应该是小句分析的重点，而不应把其作为及物性分析的补充模式，但这一点在 Halliday 的及物性理论中始终没有得到解决。另外，在作格分析模式中，Halliday（1968：188）认为一个参与者并不局限于承担一个角色，例如中动形式中的参与者兼任受影响者和引起者两种角色，但他没有提出"复合参与者角色"（Compound Participant Role）这样的理论术语。此外，Halliday 发现了没有参与者的特殊小句，例如 It is raining，却没有对其作进一步的分析与解释。

1970 年，Halliday 在《语言结构和语言功能》（"Language structure and language function"）（1970）一文中提出"语言具有意义潜势（meaning potential）"的观点，给出了语言的"概念功能"（或"概念意义"）、"人际功能"（或"人际意义"）和"语篇功能"（或"语篇意义"）的具体定义。他（Halliday 1970，2002a/2007：179）对及物性给出了这样的解释："对过程和与之相关的参与者（广义上说，还包括环境成分）的语言描述系统即是及物性。及物性隶属于语言的概念功能"。Halliday（1970）提倡布拉格学派的观点，即结合结构和功能的方法来研究语法，他也用同样的方法描述及物系统。与前面的及物性研究（Halliday 1961，1964/1976，1967，1968）所不同的是，他（Halliday 1970）开始用及物性系统的过程类型和参与者角色来描述语义（概念意义）。另外，需要提及的是，Halliday（1970）增添了两个参与者角色，即工具（Instrument）和体验者（Processor），区分了必要角色（inherent role）和非必要角色（non-inherent role），并且对必要的环境角色和非必要的环境角色作了区分。不过，Halliday对过程类型没有作进一步的扩展。

1977年，Halliday发表了《作为社会语境中语义选择的语篇》（"Text as semantic choice in social contexts"）一文，把及物性系统提升到社会语境（social context）层面，对及物性系统作了进一步的拓展。

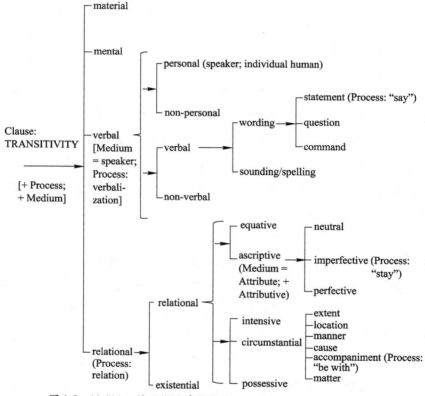

图1-3　Halliday 的及物性系统网络（1977，2002b/2007：68）

如图所示，Halliday在新的及物性系统网络中增加了言语过程（verbal process），扩充了关系过程，在网络中例举了say和stay等动词，强调作为次范畴中最后一步的词汇项是系统选项的一种体现形式，将及物性系统往"语法学家的梦想"方向推进了一步。但是，他没有对扩充后的关系过程给予过多的解释说明，所以我们只能从新增术语的角度对其所要表达的语义进行推测。

1.2.4 成型阶段

在《功能语法导论》（*An Introduction to Functional Grammar*）（Halliday 1985，1994/2000）一书中，Halliday对及物性理论作了最全面的论述。首先，他（Halliday 1985，1994/2000：106）给及物性下了最全面的定义："我们对经验的最深刻印象就是它包含了各种'事件'——发生、做、感知、意指、是和变成，这些事态都在小句语法中得到分类整理。因此，小句不仅是一种行为模式，一种给予和索取物品、服务与信息的模式，也是一种反映模式，一种为不断变化和流动的事件赋予秩序的模式。实现这一目标的语法体系就是及物性。及物性系统把经验世界识解为一组可以操作的过程类型。"

其次，他（Halliday 1985，1994/2000：107）为识解经验的及物性系统设立了以过程为中心的框架，该框架包括三部分：（1）过程本身；（2）过程中的参与者；（3）与过程相关的环境。围绕及物性基本框架，Halliday完整详尽地论述了及物性理论。

（i）就过程而言，Halliday（1985，1994/2000：106-107）认为及物性系统可以将人的经验分为六种不同的过程：即物质过程（material process）、心理过程（mental process）、关系过程（relational process）、行为过程（behavioral process）、言语过程（verbal process）和存在过程（existential process）。其中物质过程、心理过程和关系过程是及物性系统中的三个主要过程类型，行为过程、言语过程和存在过程是及物性系统中的三个次要过程类型，次要过程位于主要过程的边缘区域，共同形成一个统一的连续体。此外，Halliday（1985，1994/2000：143）还提到了一种介于物质过程和存在过程之间的特殊过程，即气象过程（meteorological process），该过程不含参与者，用作主语的It在及物性系统中没有实际意义，如It is raining中的It。

（ii）Halliday为六种过程类型区分了相应的参与者角色。物质过程的参与者角色主要是动作者（Actor）和目标（Goal）；心理过程的主要参与者角色是感知者（Senser）和现象（Phenomenon）；关系过程的主要参与者角色是载体（Carrier）和属性（Attribute），或识别者（Identifier）和被识别者（Identified）；行为过程的主要参与者角色是行为者（Behaver）；言语过程的主要参与者角色有讲话者（Sayer）、讲话内容（Verbiage）、受话者（Receiver）和目标（Target）；存在过程的主要参与者角色是存在物（Existent）。

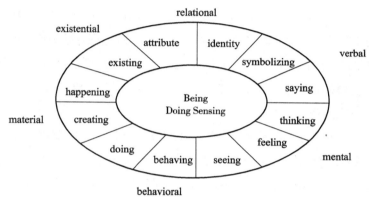

图1-4　Halliday 的及物性过程类型（1994/2000：108）

（iii）Halliday认为环境成分是与直接参与者（direct participant，即和过程直接相关的参与者角色）相对的间接参与者（indirect participant，即和过程间接相关的参与者角色），并就环境成分的种类作出了完整的叙述（Halliday 1985，1994/2000：151）。

表1　Halliday 区分的环境成分的种类（1994/2000：151）

	类别	具体范畴（次类）
1	Extent	distance, duration
2	Location	place, time
3	Manner	means, quality, comparison
4	Cause	reason, purpose, behalf

（待续）

9

（续表）

	类别	具体范畴（次类）
5	Contingency	condition, concession, default
6	Accompaniment	comitation, addition
7	Role	guise, product
8	Matter	
9	Angle	

另外，Halliday（1985，1994/2000）描述了这六种过程类型的基本语义配置结构：物质过程＝动作者＋过程＋目标；心理过程＝感知者＋过程＋现象；关系过程＝载体＋过程＋属性/被识别者＋过程＋识别者；行为过程＝行为者＋过程；言语过程＝讲话者＋过程＋讲话内容＋受话者；存在过程＝There＋过程＋存在物。

最后，为区分不同的过程类型，Halliday（1985，1994/2000）从范畴意义、内在参与者数目、第一参与者性质、第二参与者性质、方向性、语态、被动语态类别、代动词、非标记现在时、动词重音等10个方面制定了一系列标准，但不足之处在于他并没有就这些标准进行具体的论述。

1.3　及物性理论在国外的发展

在过去的近半个世纪中，为了完善系统功能语言学及物性理论，许多国外系统功能语法学者作出了努力，其中主要包括Matthiessen（1995；Halliday & Matthiessen 2004/2008，2014）、Martin, et al.（2010）和Fawcett（1980，1987，即出）等。

1.3.1　Matthiessen的研究

1995年，Matthiessen基于Halliday（1985，1994/2000）的研究成果，在《英语词汇语法制图系统》（*Lexicogrammatical Cartography: English Systems*）（1995）中对及物性系统作出补充和扩展，并且制图展现了及物性系统。其

及物性系统网络如图1-5所示。

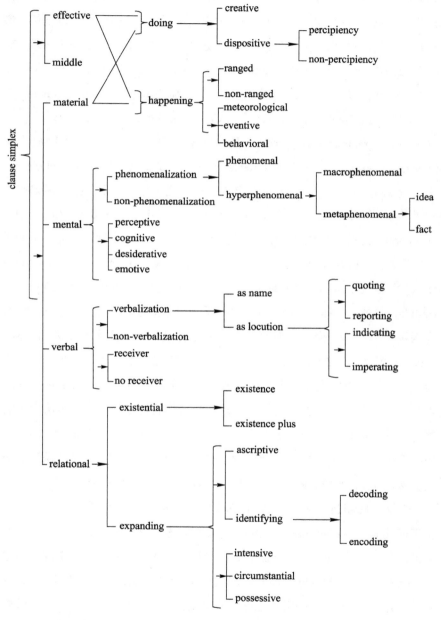

图1-5　Matthiessen 的及物性系统网络（1995：207）

对于及物性理论的论述，Matthiessen（1995）与 Halliday（1985，1994/2000）略有不同。首先，Matthiessen（1995）只将及物性系统分成4种过程，即物质过程、心理过程、关系过程和言语过程，并将行为过程和气象过程归入物质过程，存在过程纳入关系过程。不过，Matthiessen（1995）加强了四种过程的"语法化"（grammaticalization），对这四种过程进行了更加详细的描述，具体体现在三个方面：第一，为物质语法（material grammar）、心理语法（mental grammar）、关系语法（relational grammar）和言语语法（verbal grammar）分别绘制了及物性系统网络图；第二，为物质小句（material clause）、心理小句（mental clause）、关系小句（relational clause）和言语小句（verbal clause）总结出其各自特征，并例举了一些非标记性小句（unmarked example）和标记性或不可接受小句（marked or unacceptable example）；第三，就物质过程、心理过程、关系过程和言语过程提供了一系列物质词汇（material lexis）、心理词汇（mental lexis）、关系词汇（relational lexis）和言语词汇（verbal lexis）。我们认为，虽然Matthiessen（1995）把Halliday（1985，1994/2000）的六种主要及物性过程（还有气象过程）缩减为四种主要过程，表面上似乎简化了及物性系统，事实上他（Matthiessen 1995）就行为过程给出了更加精密的分类，对存在过程也作出了更加详细的描述，在一定程度上加深了及物性系统的精密度。而且Matthiessen（1995）为其提出的四种主要过程提供了大量词汇，将及物性理论往"语法学家的梦想"的方向推进了一大步。不过，Matthiessen（1995）把Halliday（1985，1994/2000）提出的介于物质过程和存在过程之间的特殊过程，即气象过程纳入了物质过程，却没有就此纳入方式作出解释，我们认为有失妥当。

其次，Halliday（1985，1994/2000）描述的及物性包括过程、参与者和环境成分，而Matthiessen（1995：198）根据成分与过程的相关程度，区分了核心及物性（nuclear transitivity，涉及过程和参与者）和环境性及物性（circumstantial transitivity，涉及环境成分）；此外，Matthiessen（1995：330-331）根据成分与过程的相关程度，从体现类别（realization class）、主语潜势（potential for subject-hood）、内在过程（inherency in process）、语义价值

限制（semantic value restrictions）、受影响程度（degree of affectedness）和语篇角度差别（textual differences）等六个方面对参与者和环境成分进行了对比分析。总之，Matthiessen把环境成分看作及物性系统的外在要素，尽管他（Matthiessen 1995：206）发现有些环境成分不能被排除在及物性系统之外（例如 She sent the books to Naples 的目标地点环境 Naples）。我们认为，同Halliday（1994/2000：168）一样，Matthiessen发现环境成分和参与者角色之间的关系具有不确定性，但是他们都没有提出解决问题的方案。

再者，Matthiessen发现，很多词汇动词可能隶属于不同的过程类型，他（1995：219-220）从影响（impact）、移动（movement）、认知（cognition）、感知（perception）、象征（symbolization）、信任（conviction）、归属（ascription）、表征（representation）、形成（formation）、成长/移动（growth/movement）、测量（measurement）、空间（space）等角度例举了很多可以出现在多种过程类型中的词汇动词。他（1995：222）认为，小句 The teacher taught the student English 为不确定事例（indeterminate case），可以将其视作物质过程或言语过程，其不确定的原因之一在于含有三个参与者的施动小句（effective three-participant clause）可以按照"Medium + Process"的语义配置结构或使役成分的本质（the nature of the causative component，如 teach somebody something）来进行解释。有鉴于此，Matthiessen（1995：221）就小句及物性的确定提出了一些标准（但是没有给予具体说明），例如参与者的力度（potency，动物性、自愿性等等）、参与者受影响的程度（状态改变）、过程之间的投射程度等等。我们认为，Matthiessen的这些标准反映出，及物性过程类型的确定，不能只依靠过程的单独意义，很大程度上取决于过程和参与者的语义配置（Neale 2002：108）。

最后，Matthiessen尝试将"及物性分析"和"作格分析"融合在一起，他（Matthiessen 1995：211）认为在物质过程、心理过程和关系过程中，"及物性分析"和"作格分析"可以一体化，不过，在及物性系统网络（图1-5）中，Matthiessen（1995：207）只在物质过程中体现了"及物性分析"和"作格分析"的融合，而忽略了两种模式在心理过程和关系过程中的融合。

另外，值得注意的是，Matthiessen（1995）在对语义进行考虑（semantic considerations）的时候，就物质过程、心理过程、关系过程和言语过程都提出了语法隐喻体现模式（1995：354），这是对 Halliday（1985，1994/2000：344）的及物性隐喻（metaphors of transitivity）的系统化描述。我们认为，在此阶段，Matthiessen（1995）将 Halliday（1985，1994/2000）的及物性理论进一步系统化，其《英语词汇语法制图系统》（Matthiessen 1995）被认为是迄今对 Halliday 系统功能理论中的系统部分描述得最好的专著（黄国文 2000）。

2004年，Matthiessen 对 Halliday 的《功能语法导论》第二版（Halliday 1994/2000）作了修订，进而出版《功能语法导论》第三版（Halliday & Matthiessen 2004/2008）。Halliday 认为第三版很成功，销量巨大（张德禄、何继红 2011）。在及物性理论章节，Matthiessen 作了很大改动（Halliday 2004/2008：xxxii），具体表现在形式和内容两方面。

首先，在形式上，Matthiessen 增加了及物性系统网络图形和说明表格，网络图形的数目从原来的1个增加至6个，表格数目从原来的21个增添至46个，具体图形有及物性系统网络表征图（Halliday & Matthiessen 2004/2008：173）、物质小句系统网络图（Halliday & Matthiessen 2004/2008：183）、心理小句系统网络图（Halliday & Matthiessen 2004/2008：209）、关系小句系统网络图（Halliday & Matthiessen 2004/2008：217）等。具体表格有及物小句动词表格（Halliday & Matthiessen 2004/2008：187-189）、心理小句动词表格（Halliday & Matthiessen 2004/2008：210）、关系小句总结表格（Halliday & Matthiessen 2004/2008：249-250）等。我们认为，这些图形和表格不仅使及物性理论的内容更加完整化、系统化，而且使及物性理论的解释更加生动化、形象化，就如 Halliday（Halliday & Matthiessen 2004/2008：xxxii）在该书的序言中所说，"整个及物性理论变成了更加易懂、更适合进行语篇分析的理论"。

其次，在内容上，我们可以看到 Matthiessen 作出的如下改变：

（i）调整了部分术语。Matthiessen（Halliday & Matthiessen 2004/2008：170）用图形（figure）取代了过程（Halliday 1994/2000：107）；用实施

（operative）和接受（receptive）（Halliday & Matthiessen 2004/2008：182）取代了主动（active）和被动（passive）（Halliday 1994/2000：110）；用转化（transformative）（Halliday & Matthiessen，2004/2008：184）取代了处置（dispositive）（Halliday 1994/2000：111）；用情感（emotive）（Halliday & Matthiessen 2004/2008：208）取代了感情（affection）（Halliday 1994/2000：118）等。

（ii）增加了描述及物性理论中过程、参与者和环境成分的精密度。就过程而言，Matthiessen（Halliday & Matthiessen 2004/2008）把Halliday（1994/2000）的物质过程分为"动作类型"和"影响类型"，并对"动作类型"的"转化"和"生成"方面给予了具体化描述，其中"转化"的结果可以从逻辑语义扩展（expansion）的三个角度，即详述（elaborating）、延伸（extending）和增强（enhancing）等方面进行分析；根据心理过程的"感知"强度，Matthiessen把Halliday（1994/2000：118）的三种心理过程，即认知（cognition）、感知（perception）和感情（affection）增加至四种心理过程，即认知（cognition）、意愿（desideration）、感知（perception）和情感（emotion）（Halliday & Matthiessen 2004/2008：209）；Matthiessen（Halliday & Matthiessen 2004/2008）还把关系过程中的"识别"小句细分成八种次类，即等式（equation）、相等（equivalence）、角色扮演（role-play）、命名（naming）、定义（definition）、象征化（symbolization）、范例（exemplification）和示范（demonstration）。

就参与者而言，Matthiessen（Halliday & Matthiessen 2004/2008）在厘清六种主要过程的直接参与者的同时，还为物质过程、行为过程、言语过程和关系过程总结出各自的间接参与者：接受者（Recipient）、委托者（Client）、范围（Scope）、启动者（Initiator）；行为者（Behaver）；言语接受者（Receiver）、言语内容（Verbiage）；归属者（Attributor）、受益人（Beneficiary）和分配者（Assigner）（Halliday & Matthiessen 2004/2008：260）。我们认为，启动者、归属者和分配者当属于具有个性特点的参与者，需要对其进行进一步的"语法化"描述。

就环境成分而言，Matthiessen（Halliday & Matthiessen 2004/2008）引入逻辑语义关系中的扩展和投射（projection）概念，对 Halliday（1994/2000：151）描述的九种环境成分进行了进一步归类，其中跨度（Extent）、处所（Location）、方式（Manner）、原因（Cause）和或然（Contingency）均属于扩展中的增强，伴随（Accompaniment）属于延伸，角色（Role）属于详述；而事件（Matter）和角度（Angle）均属于投射。

（iii）使用语料库阐释及物性理论，增强了及物性理论的语篇特色。其实，Halliday 对语料库的兴趣由来已久，也曾把语料库纳入自己的研究当中（Bloor & Bloor 2004：246），但却没有将其体现在及物性理论中，而 Matthiessen 在《功能语法导论》第三版中解决了这一问题。正如 Halliday 所言，Matthiessen 使功能语法更多地基于语篇，其例子大部分都是从语篇语料库中选取的（张德禄、何继红 2011）。众所周知，系统功能语言学的主要目标之一，便是"为语篇分析建构一个语法，以使我们对现代英语的语篇能够作出合情合理的、有意义的解释"（Halliday 1985：xv，1994/2000：xv）。Matthiessen 对及物性理论进行修订，自然也遵循了"为语篇建构一个语法"的原则。

（iv）另外，需要提及的是，Matthiessen（Halliday & Matthiessen 2004/2008）发现，及物性种类的分布和语域（register）息息相关。我们曾经认为，一个语篇总会包含多种及物性过程，而且多数是物质过程，因为物质是第一性的，人类的活动是人类存在的根本保证（胡壮麟 1994：30）。事实上，在诸如科学、商业、政治等语域中，关系过程中"识别"小句的"标记-价值"结构是其主要的过程类型（Halliday & Matthiessen 2004/2008：234）；而在新闻语域中，言语过程发挥着独特作用，方便报道者清晰地陈述出信息源头（Halliday & Matthiessen 2004/2008：252）。

经过改进和充实，《功能语法导论》第三版中的及物性理论变得更加完善，但依然存在一些不足之处，主要有以下几点：第一，形式上，有些系统网络图形过于复杂，不便于读者看懂及物性系统网络总图（Li 2004）；第二，部分内容前后论述不一致，例如与心理过程的双向性和心理过程小句中参与者的数量相关的内容在第三版第五章前面的讨论中被删除（Halliday & Matthiessen 2004/2008：201-207），但在同一章后面的论述中双向性又被作为心理过程的独特特征再次呈现，这样无疑会造成读者的认识混乱（李杰、宋成方 2005）；第三，部分内容没有给予明显修改，例如及物性和语态、及物性分析和作格分析等方面，除了扩充了系统网络图，增添了几个表格外，对重要理论的内容论述并没有发生明显变化，也就是说，依然没有实现及物性分析和作格分析真正意义上的融合。

我们认为，由于Matthiessen（Halliday & Matthiessen 2004/2008）是在不改变Halliday（1994/2000）的及物性理论总体框架的前提下，尝试从Halliday（1985，1994/2000）提出的区分过程类型的几个标准入手（例如范畴意义、第一参与者性质和第二参与者性质等标准），融合他（Matthiessen 1995）本人有关及物性的部分新增观点，把及物性理论的论述篇幅从《功能语法导论》第二版的69页增加至第三版的137页，任务艰巨，内容剧增，所以部分内容的逻辑不严谨现象就在所避免。

关于Matthiessen对及物性理论的研究，还需要提及他于2014年修订的《韩礼德的功能语法导论》（即《功能语法导论》第四版）。就及物性理论而言，这一版与《功能语法导论》第三版没有太大的区别。有鉴于此，我们将不再就《功能语法导论》第四版的及物性理论作其他论述。

1.3.2　Martin等人的研究

2010年，Martin、Matthiessen和Painter一起合著了《功能语法教程》（*Deploying Functional Grammar*）（Martin et al. 2010），本书与Halliday所著的《功能语法导论》第二版和第三版相互参照，并且独具特色。Martin等人把及物性理论部分分成五个板块，即定位（orientation）、纵览（survey of options）、解疑（troubleshooting）、练习（analysis practice）、回顾与语境化（review and contextualization）。我们这里将提及Martin等人对及物性理论所做的主要贡献。

在纵览板块中，Martin et al.（2010：100）认为，及物性是根据过程、参与者和环境成分所组成的配置来识解世界经验的一种资源，而这种配置是由两个主要系统，即过程类型和环境化（circumstantiation）来决定的。Martin 等人关于过程类型和环境成分的描述与《功能语法导论》第二版和第三版大体相同，不过他们总结并系统性地分析了一类带有"致使"（causing）或"施事"（agentive）特色的参与者角色，即施事者（Agent），这种参与者角色出现在由致使动词词组复合体（causative verbal group complex）体现过程的小句中（Martin et al. 2010：109）。我们认为，Martin 等人的这一做法达到了将启动者、诱导者（Inducer）、分配者和归属者"语法化"的目标。

表 1-2　Martin 等人对各小句类型中施事者的分类（2010：109）

Additional Agent				
You Initiator	'll help Process…	us Actor	monitor …material	this. Goal
These programs Inducer	let Process…	parents Senser	understand …mental	their responsibilities. Phenomenon
His experience Assigner	makes Process…	him Token	(be) (…identifying)	the best judge. Value
The new school Attributor	has made Process…	him Carrier	(be) (…attributive)	more rebellious. Attribute

在解疑板块中，Martin 等人为读者挑选出研习《功能语法导论》时可能遇到的问题和难点，并给予了指导和解答（杜娟 2014）：

（ⅰ）为辨别小句及物性结构设定了三种提问方式：

What are possible alternative verbs?

What are possible alternative realizations for Participants?

Can Participants be left out or not?

我们可以用替代动词的方式，确定模糊性的过程类型，例如，This makes a very good stuffing 中的 make 可以用相似的动词 produce、create 等替代分析；用替代参与者体现形式的方式，来辨别不确定的过程类型，例如 That lonely child breaks my heart可以分析为心理过程而不是物质过程，因为它可以用类似的小句That child is so lonely (that) breaks my heart替代分析；用是否可以省去参与者的方式，来确定两个小句的及物性类型是否相同，例如，He sang her a song和He told her a story形式相同却意义不同，因为两个小句分别去掉参与者her后情形截然不同。

（ii）注意到有些动词词组及物性分析具有不确定性：

就小句They want to change their library books，Halliday（1994/2000：289；Halliday & Matthiessen 2004/2008：515）的及物性分析是They（Actor）+ want to change（Process: material）their library books（Goal）。然而，这种分析不够准确，因为它没有反映出参与者角色they会受到动词词组中第一个动词的影响，没有分析出want的意义。因此，Halliday（1994/2000：290；Halliday & Matthiessen 2004/2008：516）提出另外一种及物性分析方式，即They（Senser）+ want（Process: mental）+ to change（Process: material）their library books（Goal）。这种分析模式的理由在于，上述小句可以看作They want + you to change their library books的小句复合体。然而，虽然Martin等人发现了动词词组及物性分析的不确定性，但是他们没有指出上述两种分析模式哪种更好，也没有提出更加合理的解释。

另外，Martin等人用了大量的例句和语篇对及物性理论进行解释说明，努力将语法分析和语篇语义系统相结合。我们认为这符合Halliday提出的"为语篇分析建构语法"的目标。

1.3.3 Fawcett的研究

Fawcett在Halliday（1967，1968，1985，1994/2000）的及物性论述基础上，提出了一些不同的见解，经过不断修改与完善，最终在《功能语义指南：从意义层面上进行英语分析》（*The Functional Semantics Handbook: Analyzing English at the Level of Meaning*）（即出）一书中展现了完整的及物性系统网络。

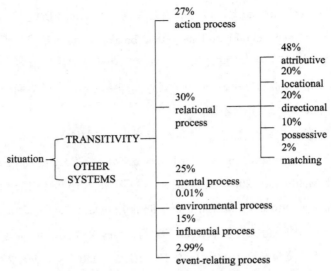

图 1-6 Fawcett 的及物性系统网络（即出：49）

　　为了更清楚地辨别Fawcett建构的及物性系统与Halliday提出的及物性系统之间的差异，我们主要从过程、参与者角色、环境成分、语义配置结构、参与者角色判断标准等五个方面对Fawcett的及物性理论进行介绍。

　　（i）Fawcett将及物性系统分成六类过程：动作过程（action process）、关系过程（relational process）、心理过程（mental process）、环境过程（environmental process）、影响过程（influential process）和事件相关过程（event-relating process）。其中影响过程和事件相关过程属于新增的过程，而Halliday（1985，1994/2000）的言语过程和行为过程被Fawcett分别划分为心理过程和动作过程的一个次类。新增加的过程中最突出的是事件相关过程，它的提出既是对Halliday（1994/2000）概念隐喻思想的简化，又是对造成及物性分析难题的语法"灰色区域"（grey area）（Fawcett 即出：146）的有益探索。另外，在句法分析层面，Fawcett（2000）建议用主要动词（Main Verb）和动词延长成分（Verb Extension）取代Halliday（1985，1994/2000）提出的动词词组（Verbal Group）；相应地，在语义分析层面，Fawcett（即出：21）提出了与之相匹配的过程和过程延长成分（Process Extension）的概念。过程延长成分概念的提出，体现的是"以语义为中心"的原则（何伟、马瑞芝 2009），在一定程度上解决了 Martin et al.（2010：115）关于动词词组及物性过程划分的部分难题。更重要的是，Fawcett 的及物性系统网络最为明显的特征是标记出了各个过程出现的概率（黄国文等 2008：307），符合系统功能语言学的"盖然性"（probability）思想，有助于语篇分析和计算机语言生成研究（苏杭、刘承宇 2012）。

（ii）Fawcett 细化了参与者角色，提出隐性参与者角色的概念。他（Fawcett 即出）在及物性系统中设定了 17 种简单参与者角色和 12 种复合参与者角色，新增加了方式（Manner）、路径（Path）、位置（Location）、来源（Source）、目的地（Destination）、搭配物（Matchee）、创造物（Created）、拥有物（Possessed）等参与者角色；创造性地提出了 12 种复合参与者角色，即受事–载体（Affected-Carrier）、施事–载体（Agent-Carrier）、受事–来源（Affected-Source）、受事–路径（Affected-Path）、受事–目的地（Affected-Destination）、受事–拥有物（Affected-Possessed）、创造物–现象（Created-Phenomenon）、受事–情感表现者（Affected-Emoter）、受事–感知者（Affected-Perceiver）、施事–感知者（Agent-Perceiver）、受事–认知者（Affected-Cognizant）和施事–认知者（Agent-Cognizant）。这些复合参与者角色兼有两个参与者角色的特点，可以表达两层含义，从而解决了因语义项意义模棱两可而无法确定其参与者角色的问题，也更加明确了语义项之间的相互关系（何伟、马瑞芝 2009）。我们认为，Fawcett 扩大了参与者角色的范畴，这有利于更加清晰地描述及物性理论。

（iii）在对环境成分的处理上，Fawcett 与 Matthiessen 的做法相类似，他（Fawcett，即出）认为及物性结构主要取决于过程及其参与者，环境成分不直接影响小句的及物性结构。与 Matthiessen 不同的是，Fawcett（黄国文等 2008：175）就参与者角色和环境成分的识别提出了测试方法："先将要测试的成分主位化（即把它放在句首），然后把它看作一个独立的信息单位（即用逗号将它与其后的信息单位分隔开来）。如果把该成分置于句首后小句读起来很通顺，那么该成分在大多数情况下是环境成分；但如果新的小句读起来很别扭，那么在大多数情况下被测试成分充当了一个参与者"。我们认为，Fawcett 的这种测试方法符合"形式体现意义"的原则，使得及物性系统体现了"语义为中心"的特点。

（iv）Fawcett遵循语义配置结构由过程和参与者功能决定的原则，（Fawcett即出：147-149）提出了71种语义配置结构，其中27种为不常见的语义配置结构，44种为常见的语义配置结构。由于篇幅有限，我们在此只列出44种常见的语义配置结构：

表 1-3　Fawcett 及物性理论中的常见语义配置结构

过程类型	过程小类	语义配置结构
action process		Ag + Pro; Af + Pro; Ag + Pro + Af; Ag + Pro + Cre; Ag + Pro + Ra;
relational process	attributive	Ca + Pro + At; It + Pro + At + Ca; Af-Ca + Pro + At; Ag + Pro + Af- Ca + At;
	locational	Ca + Pro + Loc; There + Pro + Ca + Loc;
	directional	Ag-Ca + Pro + So and/or Pa and/or Des; Ag + Pro + Af-Ca + So and/or Pa and/or Des;
	possessive	Ca + Pro + Pos; Af-Ca + Pro + Af-Pos (or Pos); Ag-Ca + Pro + Af-Pos (or Pos); Ag + Pro + Af-Ca + Af-Pos (or Pos); Ag + Pro + Af-Pos (or Pos) + Af-Ca;
	matching	Ca + Pro + Mtch; Ag-Ca + Pro + Mtch; Ag + Pro + Af-Ca + Mtch;
mental process	emotion (desiderative and emotive)	Em + Pro + Ph; Ph + Pro + Em; It + Pro + Em + Ph;
	two-role perception	Perc + Pro + Ph; Ag-Perc + Pro + Ph;
	two-role cognition	Cog + Pro + Ph; It + Pro (+ Cog) + Ph; Af-Cog + Pro + Ph; Ag-Cog + Pro + Ph;
	three-role cognition	Ag + Pro + Af-Cog + Ph; Ag + Pro + Ph + Af-Cog; Af-Cog + Pro + Ph + Mtch;
environmental process		It + Pro + PrEx;
influential process		Ag + Pro + Cre-Ph; Ag + Pro + Ph; Af + Pro + Cre-Ph; Af + Pro + Ph; Cre-Ph + Pro; Ph + Pro; It + Pro + Cre-Ph; It + Pro + Ph;
event-relating process		Ca + Pro + Cre-Ph; Ca + Pro + Ph

注：Pos = Possessed，Mtch = Matchee

我们认为，这些语义配置结构是对Halliday（1985，1994/2000）提出的六种过程类型的基本语义配置结构的细化，进一步加深了及物性理论研究的"精密度"。

（v）最后需要提及的是，Fawcett（即出：151-162）就17种主要参与者角色以及事件相关过程提出了详尽的测试方法，对参与者角色的判断能够帮助我们确定小句的过程类型。我们认为，这套方法比Halliday（1985，1994/2000）的10个测试标准更简单易行。

不过，我们认为Fawcett对影响过程和事件相关过程的描述与对其他过程类型的描述有一定的重合现象，需要完善。

1.4 及物性理论在中国的发展与再发展

自20世纪80年代以来，不少中国学者致力于对系统功能语言学的介绍、发展、完善与应用。我们对国内的及物性理论研究从两个方面进行回顾：发展与再发展。及物性理论发展指的是国内学者对西方系统功能语言学的介绍与完善；及物性理论再发展则是指国内学者对及物性理论开展的"本土化"研究，即基于英语及物性系统建立汉语及物性系统，以及把及物性理论应用到语篇分析、教学、翻译等方面的研究。

1.4.1 及物性理论在中国的发展

自20世纪80年代以来，不少国内学者都致力于介绍、发展并完善及物性理论，迄今为止，对及物性理论进行比较系统介绍的主要有胡壮麟等人的《系统功能语法概论》（1989）、《系统功能语言学概论》（2005）、程琪龙的《系统功能语法导论》（1994）等。

胡壮麟等人的《系统功能语法概论》（1989）是我国第一部介绍系统功能语言学的著作，此后的《系统功能语言学概论》（2005）是对《系统功能语法概论》的进一步修订。该书第四章介绍了经验功能的表现形式"及物性"的各个方面，包括物质过程、心理过程、关系过程、行为过程、言语过程、存在过程等六个过程的性质以及与之有关的参与者。这本书为国内学者对及物性理论开展全面研究奠定了基础。在介绍国外最新研究成果的同时，胡壮麟等人还对及物性理论作出了修改与完善，例如他们把关系过程（Halliday 1994/2000）的"三个类型"（内包型、环境型和所有型）与"两种模式"（归属式和识别式），改成"两个类型"（归属型和识别型）与"三种模式"（内包式、环境式和所有式）。

程琪龙的《系统功能语法导论》（1994）对及物性理论研究做了一个新的尝试。该书的第11章是对英语小句系统的介绍，主要包括物质表义系统和心理表义系统。书中虽然只提及了两种主要过程，即物质过程和心理过程，但依然有其独特之处，即分别建立了物质过程和心理过程的及物性系统和作格系统，并尝试将两个系统进行融合，建立了物质小句的表义系统网络（1994：149）和心理小句的表义系统网络（程琪龙 1994：153）。该书提供的物质表义系统和心理表义系统对后来及物性分析和作格分析的"一体化"有很大启发。

除了上述主要著作外，国内学者还在及物性理论的介绍、探讨、发展和完善等方面发表了大量的论文，例如肖俊洪（1997，1998）对参与者角色作了进一步的分析与说明；朱永生、严世清（2001）对"气象过程"提出质疑，他们（2001：32）认为语言发挥概念功能时，不仅要依靠及物性系统，而且需要词汇的使用和同现；程晓堂（2002）对及物性关系过程提出质疑，并对关系过程（Halliday 1994/2000）作出了修改；黄国文（2011）对Halliday（1994/2000）和Fawcett（即出）提出的使役结构进行了重新探讨。

1.4.2 及物性理论在中国的再发展

本文所说的及物性理论再发展，指的是及物性理论在国内的"本土化"研究，即构建汉语及物系统并将及物性理论进行应用。在吸收系统功能语言学及物性理论后，很多国内学者都致力于汉语及物性理论的构建，并出版了相关专著。主要著作包括龙日金的《汉语的及物性》（*Transitivity in Chinese*）（1981）（系龙日金、彭宣维《现代汉语及物性研究》的第一部分）、

程琪龙的《系统功能语法导论》（1994）、李深红的《汉语的系统功能语法》
（*A Systemic Functional Grammar of Chinese*）（2007）和彭宣维的《现代汉语
及物性的进一步研究》（2012）（系龙日金、彭宣维的《现代汉语及物性研
究》的第二部分）。

　　龙日金的《汉语的及物性》（1981）原以英语写成，是作者的硕士论
文，后由柴同文译为中文，即《及物性：功能语法和认知语法的契合点》
（2007），构成了龙日金、彭宣维《现代汉语及物性研究》（2012）的第一部
分。但鉴于《汉语的及物性》为我国第一部介绍汉语及物性的著作，我们此
处将《现代汉语及物性研究》的第一部分和第二部分作为独立的个体分开介
绍。《汉语的及物性》共包括29个小节，分别介绍了语言的功能观、汉语及
物性系统中的六种过程、"把"字结构、被动句结构、复合过程与双参与者、
复合过程中的关系过程"成"与关系过程"在"、复合过程里的指向动词、
使役结构、相位结构、受益者、范围、受事、施动者、动作者、目标和载体
比较、句式过程及其参与者。它为我国汉语及物性理论研究的开展奠定了基
础，对我们今天进行汉语及物性理论的拓展具有借鉴意义。

　　程琪龙的《系统功能语法导论》（1994）不仅对英语及物性理论进行了
新的探讨，用及物性分析和作格分析"一体化"建立了英语物质小句和心理
小句的表义系统，而且对汉语的及物性理论也作了新的探索。作者在第十二
章中探讨了汉语小句系统，创新性地在汉语的物质小句和心理小句中将作
格分析和及物性分析"合璧"（1994：169），建立了汉语物质小句表义系统
（1994：170）和心理小句表义系统（1994：170）。另外，需要提及的是，本
书还对汉语的特殊句式"被字句"和"把字句"进行了及物性讨论。

　　李深红的《汉语的系统功能语法》（2007）是一部将系统功能语言学理
论系统地应用于汉语研究的著作。专著的第三章为汉语及物性理论，认为
及物性过程是识解世界经验的图像（figure），及物性的四种过程类型，即物
质过程、关系过程、言语过程和心理过程，共同识解我们的意识世界（the
world of consciousness）、象征世界（the world of symbolization）、物质现实
世界（the world of material reality）和抽象关系世界（the world of abstract

relations）。另外，该书还提及了汉语及物性系统的体（aspect）和相（phase）以及时间副词和动词词组的相对序列。该著作的重要性可以从方琰为其作的序言中得以验证："该书是第一部由中国人运用系统功能语言学模式建立的全面而系统的汉语理论著作。"

彭宣维的《现代汉语及物性的进一步研究》（2012）构成了龙日金、彭宣维《现代汉语及物性研究》的第二部分。作者按照周晓康的作格分析思路，讨论了物质、关系和心理三个主要过程。该部分共涵盖三章，包括汉语小句的物质过程、处所关系过程、包孕关系过程、属有关系过程和心理过程。其主要贡献在于依据汉语小句的特点，对之前学者的理论研究作了系统性修正。

除了上述专著以外，还有很多探讨汉语及物性的论文，如周晓康的《从及物性系统看汉语动词的语法–语义结构》（1990）、《现代汉语物质过程小句的及物性系统》（1999），胡壮麟的《系统功能语法与汉语语法研究》（1999），杨国文的《汉语物质过程中"范围"成分与"目标"成分的区别》（2001），郑伟娜的《汉语把字句的及物性分析》（2012），张敬源、王深的《基于加的夫语法的现代汉语"把"字结构及物性研究》（2013）和邓仁华的《汉语存在句的系统功能语法研究》（2015）等。

最后，需要提及的是国内学者对及物性理论的应用研究。很多学者，如黄国文（2002），李忠华（2003），李发根（2004a，2004b），程晓堂、梁淑雯（2008），王婷婷（2009）等将及物性理论运用于翻译研究；张韧（1992）、朱士昌（1995）、刘世生（1998）、李国庆（2005）等将及物性理论应用于语篇分析研究；胡壮麟（1994）将及物性理论应用于英汉对比研究；杨信彰（1998）将及物性理论运用于教学研究。

1.5　及物性研究存在的问题

纵观国内外系统功能语言学及物性研究的进程和现状，我们注意到迄今为止学界对及物性的研究中依然存在两个突出问题。

第一，及物性过程分析的不确定性。主要有两个原因：（i）及物性范畴本身的模糊性和重合性（Thompson 2004/2008：104）。更精确地说，语言本身具有不确定性，导致描述范畴变得像语言范畴本身一样，具有不稳定性和模糊性（Halliday 2003/2007：266）。（ii）分析方法的主观性。正如Thompson（2004/2008：89）所言，"我们结合直觉和语法来判定及物性过程：用直觉区分不同的'事件'（goings-on），用语法来确定反映在语言中的直觉差异，从而核实我们的判定，进而建立不同的范畴"。然而，"虽然直觉可以帮助我们辨别范畴，但不幸的是，在复杂事例的分析中，单凭直觉往往是不够的"。针对及物性过程分析的不确定性问题，我们或许可以把句子当作语篇的一部分，而不是通过分析单个句子这种方式来处理（Gwilliams & Fontaine 2015）。

第二，系统功能语言学及物性理论的研究在"本土化"方面需要更多努力。系统功能语言学不是针对个别语言的语言学理论，而是一种研究一般语言的理论方法（黄国文 2010）。事实上我们发现，有些时候，在以英语为研究对象建立的及物性理论模式基础上建立汉语及物性系统的时候，会面临分析模式的选择难题以及汉语语言分析难题。例如，对She caught a cold这样的英语小句进行及物性分析时，我们认为最好用Fawcett（即出）的"延长过程"模式，即She caught (Process) + a cold (Process Extension)，而不是Halliday（1994/2000）的模式，即She caught (Process) + a cold (Goal)。不过，在分析类似于"他们在进行会谈"这样的中文小句时，根据Fawcett（即出）的分析模式，应呈现这样的语义配置结构："他们在进行（Process）+ 会谈（Process Extension）"。而这种分析不如依据Halliday（1994/2000）的方式更加合适，即"他们在进行（Process）+ 会谈（Goal）"。当然，这或许是由于Halliday的理论最初是在对汉语的语法研究过程中发展起来的，而Fawcett（即出）的及物性理论是对Halliday英语及物性理论的延伸，所以我们假定Halliday（1994/2000）最初的模式和Fawcett的发展模式可能在不同情况下有不同的适用程度。而事实上，在建立汉语及物性系统的过程中，一种假定远不能解决所有问题。系统功能语言学最初是在对汉语的语法研究过程中发展起来的，它展现的是整个语法系统而不是零散的各种结构（Matthiessen & Halliday 2009：41）。汉语及物性系统的发展不仅需要目前从系统功能视角尝试对汉语进行研究的学者，更需要汉语学界学者的参与及合作，以共同解决汉语及物性系统理论在发展和完善过程中所遇到的难题。

1.6　及物性理论在中国的近期发展与再发展

鉴于国内外学者在及物性理论研究上的不足，我们以系统功能思想为指导，结合Halliday、Matthiessen、Fawcett以及Martin等人的相关研究成果，对英语及物性系统网络进行了完善，并建构了汉语及物性系统网络。下文图1-7为英语及物性系统网络整体情况，详细内容见《英语功能语义分析》一书；图1-8为汉语及物性系统网络整体情况，详细内容见本书第二至第八章。

与上文回顾的前人所描述的及物性系统网络相比，我们完善或建构的及物性系统网络有以下特点：

（i）呈现出更加全面、系统的英语与汉语及物性系统网络。与Halliday的及物性系统类似，我们也将人类的经验意义描述为七种过程，即动作过程（action process）、心理过程（mental process）、关系过程（relational process）、行为过程（behavioral process）、交流过程（communicative process）、存在过程（existential process）和气象过程（meteorological process）。不过，不同的是：首先，我们更改了两类过程的名称，即把"物质过程"改为"动作过程"，把"言语过程"改为"交流过程"；其次，整合了关系过程的三种类型和两种模式，改为六种次级类别的关系过程；再者，虽然Halliday认为气象过程是一种介于物质过程和存在过程之间的特殊过程，但他没有就其进行具体解释说明，而我们把气象过程作为一种过程类型，对其进行了较为详细的描述，从而使得及物性理论论述更加全面。上述不同体现了我们对前人——主要是对Halliday和Fawcett研究成果的吸收和融合，以及我们对人类如何使用语言对世界进行编码的认知。另外，我们建构的汉语及物性系统网络比较全面、系统。从目前实际语篇分析的具体情况看，几乎涵盖了所有语言现象。

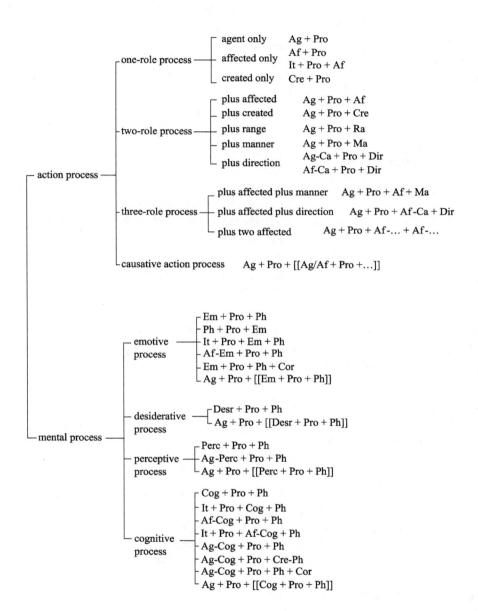

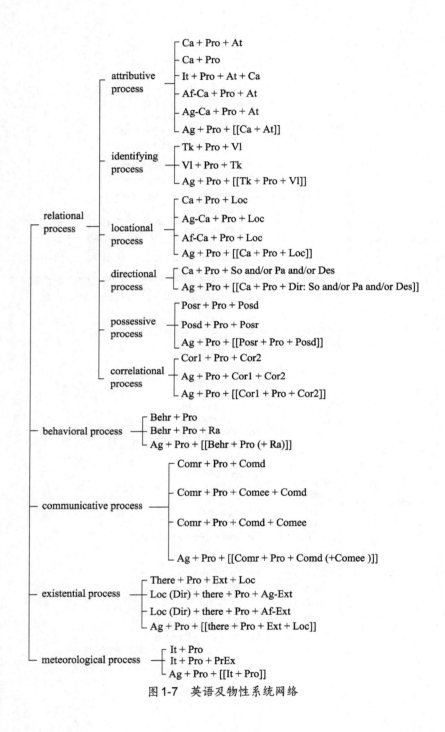

图 1-7　英语及物性系统网络

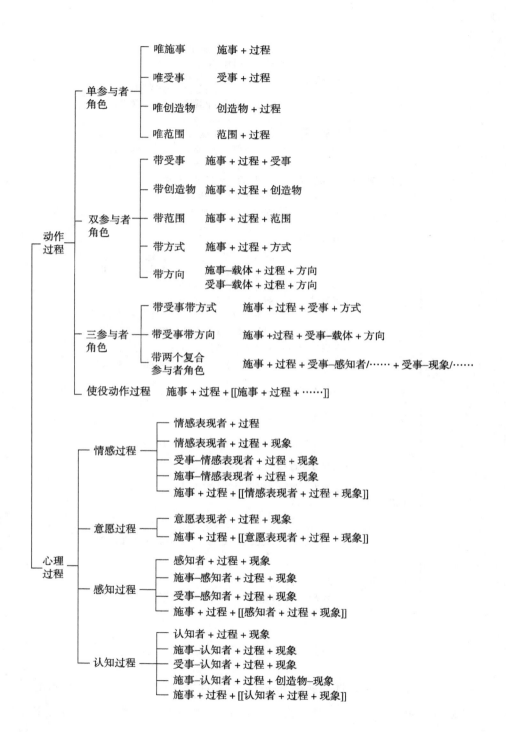

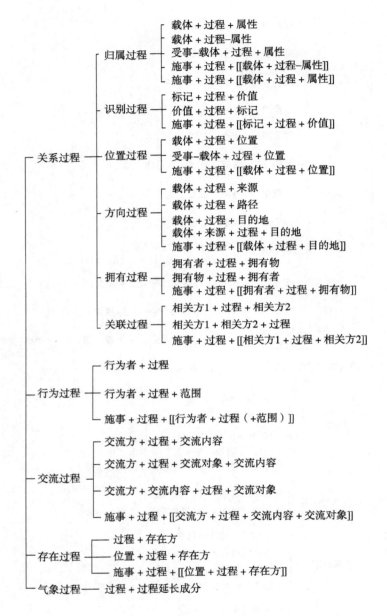

图 1-8 汉语及物性系统网络

（ii）描述了更加详细的英语与汉语及物性语义配置结构。在 Fawcett 的基础上，我们遵循语义配置结构由过程和参与者功能决定的原则，不仅为主要过程类型，即动作过程、关系过程、心理过程描述了语义配置结构，而且还为次要过程类型，即行为过程、交流过程、存在过程和气象过程描述了语义配置结构。例如，我们为行为过程提出了三种语义配置结构：行为者+过程；行为者+过程+范围；施事+过程+[[行为者+过程（+范围）]]。其中第一种语义配置结构是行为过程最典型的语义配置结构；第二种增加了参与者角色——"范围"；第三种是"使役行为过程"（causative behavioral process），即行为过程是在外部因素的作用下而产生的。有关这些语义配置结构，我们主要是融合了 Halliday、Matthiessen、Fawcett 以及 Martin 等人的研究成果。此处，我们充分注意到了汉语与英语的不同，比如在存在过程类型中，我们为存在意义在汉语中的特殊表达描述了一种配置结构，即过程+存在方，英语中没有这种结构。我们认为，我们所描述的详细的语义配置结构提高了及物性系统的"精密度"，从而降低了及物性分析时诸多"不确定性"情况出现的几率。

（iii）实现了英语小句"使役性"与"及物性"的融合。何伟等人把"使役性"融入到各大及物过程类型中（气象过程除外），创新而又系统性地提出了六种"使役过程"："使役动作过程"（causative action process）、"使役心理过程"（causative mental process）、"使役关系过程"（causative relational process）、"使役行为过程"（causative behavioral process）、"使役交流过程"（causative communicative process）和"使役存在过程"（causative existential process）。

（iv）增强了英语和汉语及物性理论的语篇特色。我们完善和构建的英语与汉语及物性系统网络建立在大量的语篇分析实例基础上。我们已分析了110多篇不同文体的英语和汉语语篇，在解决实际问题方面积累了丰富的经验，从而为完善和建构英汉语系统网络提供了很好的借鉴。同时，在完善和建构英汉语每个过程类型的及物性系统网络时，我们还充分利用英国国家语料库和中国现代汉语语料库，分析了许多相关实例，这就为语义配置结构的描述提供了充分的支撑。我们认为，我们将及物性理论"语篇化"的做法符合 Halliday "为语篇建构一个语法"（Halliday 1985：xv；1994/2000：xv）的原则。

不过，我们在作具体分析时，也遇到了一些比较难以处理的结构成分。比如在 We gave him a book 和 We gave a book to him，以及汉语中的"我们给了他一本书"和"我们把一本书给了他"两对小句中，比较清晰的是，每个小句均是动作过程，涉及三个参与者角色，分别为 We、him 和 a book，以及"我们"、"他"和"一本书"。然而，在语言形式上，由于两个参与者角色出现的位置不同，其中一种句式需要在一个参与者角色前加上一个介词，即英语中的 to 和汉语中的"把"。很显然，小句中的 to him 和"把一本书"均不是真正的介词短语，不指代任何地点、空间、方式等，与 I worked very hard at school 和"我在学校很用功"中的 at school 和"在学校"不同，后两者有所指，指一定的场所范围，其中的 at 和"在"为真正的介词。在作语义和句法分析时，我们把后两者中的介词短语 at school 和"在学校"分析为环境成分和状语比较合适，但前面例句中的 to him 和"把一本书"不能分析为环境成分和状语，因为 him 和"一本书"在语义层次上充当了参与者角色，在句法层次上则充当补语成分。但是如何处理 to 和"把"呢？如果把它们看作补语的一部分，那么这种分析与语义角色就不一致了。从功能角度来看，它们真正的作用是在一定情况下引入参与者角色。也就是说，这类介词的功能与过程成分有着密切的关系，主要是为过程成分将参与者角色引入到特定的结构位置。因此，我们也可以把这类情况下的介词描述为过程延长成分。一般的过程延长成分是用来将过程成分本身表达的意义补充完整，而此类介词作为过程延长成分，主要是出于语义配置结构中参与者角色位置安排的需要，帮助过程成分联系参与者角色。当然，我们也可以像 Fawcett（2000，2008）那样，把 to him 和"把一本书"看作介词短语，将其描述为小句中的补语，但这种情况下，这类介词在语义配置结构中的作用就体现不出来了。

对类似上述情况的处理是否比较妥当，还有待进一步研究，尤其要对跨语言现象进行研究。

1.7　小结

　　本章回顾和总结了系统功能语言学及物性理论的起源和发展，指出了及物性理论在发展过程中存在的主要问题，介绍了及物性理论在国内的近期发展与再发展。我们认为，近50年来，系统功能语言学及物性理论研究取得了较大的进展，但依然存在一些不足；在对及物性理论进行进一步完善的时候，我们需要注意，研究的出发点应该是看描述是否遵循"以意义为中心"的原则，探讨的中心问题应该是看对过程的划分是否合理、体现意义的句法结构是否独立等等。结合学界对及物性系统的研究成果，本着解决学界现存问题的目的，我们由此提出了自己对英语和汉语及物性系统的看法；不过，我们在作具体分析时也遇到了一些问题，如何解决这些问题还有待进一步思考。

练习

1. 系统功能语言学理论中的及物性与传统语法中的及物性有什么不同？

2. 区分简单参与者角色和复合参与者角色的意义何在？

3. 本书建构的及物性系统网络中为什么要包括使役过程类型？

第二章
动作过程

2.1 引言

　　动作过程（action process）是及物性系统中最主要的过程类型之一，因为物质世界是第一性的，人类的活动是人类存在的根本保证（胡壮麟 1994：30）。该过程用于描述做某件事的过程（doing）或者某件事发生的过程（happening）。Halliday（1994/2000：110；Halliday & Matthiessen 2004/2008：179，2014：224）将此类过程称为物质过程（material process）。周晓康（1999：36）也指出，由于该过程表示物质世界中所发生的事情，所以称之为物质过程。虽然物质过程既可以表现具体的物理动作，比如"跑步"，也可以反映抽象的行为，比如"退休"（Martin et al. 2010），但是"物质"一词本身更强调前者，即具体的物理性动作，很少指向抽象的行为或事件。因此，我们采用系统功能语言学加的夫模式中"动作过程"（action process）这一术语（Fawcett 2010），来命名此类经验过程，以避免"物质过程"这一术语可能带来的误解。

　　作为表征外部世界各种事件和活动的过程类型，动作过程是及物性系统中涉及词汇最多、多样性最强的类别。简单来说，动作过程可分为两类，一类是物质动作过程（material action process），另一类是社会动作过程（social action process）。物质动作过程描述物质领域的经验（physical realm of experience），主要用于体现实体性的动作，例如"打"、"吃"、"走"、"砍伐"、"上升"等。社会动作过程反映社会交际领域的经验（social interaction realm of experience），主要用于体现抽象性的动作，例如"解雇"、"恢复"、"追求"、"帮助"、"虐待"等。

　　动作过程小句涉及许多参与者角色（Participant Role），包括施事（Agent）、受事（Affected）、创造物（Created）、范围（Range）、方式（Manner）、程度（Degree）、方向（Direction）以及其他复合参与者角色（Compound Participant Role）。根据小句中参与者角色的数量和类型，我们对动作过程小句进行了细致的划分，并构建了动作过程的系统网络，如图2-1所示。该系统网络将动作过程中参与者角色及小句的构成作为语义特征的选择项，详尽地列举了参与者角色的各种构成类型。值得注意的是，我们在系统网络中加入了使役动作过程。这类动作过程不同于其他类型，包含了两个过程，分别是使役过程和动作过程。接下来，我们将逐一介绍动作过程系统网络中的构成类型。

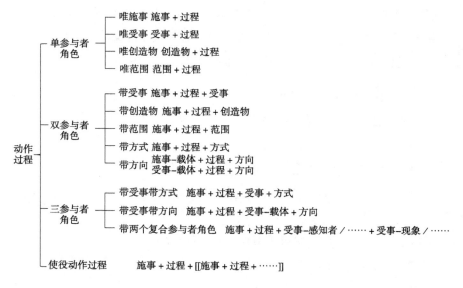

图2-1　动作过程语义配置结构

2.2 单参与者角色动作过程

2.2.1 唯施事动作过程

施事指的是过程的发出者或执行者，一般是有生命的个体，比如人。然而一些无生命体也可以充当施事，比如工具、车辆、自然力量等。针对施事这一参与者角色，我们给出了测试方法：若 X 是施事，则小句可重新表达为"X 所做的事是……"。例如，"小明在跑步"这一小句中，假定"小明"是施事，测试方法如下：如果"小明"是施事，则小句可重新表达为"小明所做的事是跑步"，逻辑正确，因此假定成立。

在唯施事动作过程中，只有施事这一参与者角色，小句的语义配置结构为"施事 + 过程"。过程成分一般由表示运动类的动词充当，包括"走"、"跑"、"爬"、"游泳"、"打"、"升"等；也可以由表示抽象动作的动词充当，包括"退休"、"值班"等，如下述各例所示：

（1） 张老师 [Ag][1] 来 [Pro] 了。[2]

（2） 双方 [Ag] 扭打 [Pro] 起来。

（3） 案发后罪犯 [Ag] 逃跑 [Pro]。

（4） 马 [Ag] 飞快地奔跑 [Pro]。

（5） 它们 [Ag] 能动 [Pro]、能走 [Pro]、能跑 [Pro]、能爬行 [Pro]、能游泳 [Pro]。

（6） 第二天，太阳 [Ag] 升 [Pro] 起来 [PrEx] 了。

（7） 他的父母 [Ag] 已退休 [Pro]。

（8） 我 [Ag] 在东屋那儿值班 [Pro]。

在上述各例中，施事通常是有意识的生物，可以指人，如例（1）到例（3）以及例（7）和例（8）；可以指动物，如例（4）和例（5）；也可以是自

---

1 自本章起，全书将在语义配置结构分析时用到许多相关缩略语，为便于理解，请对照文前的术语缩略表进行阅读。此后各章也均不再为此设专门脚注。
2 本书例句均来自于北京大学语言学研究中心现代汉语语料库。为便于读者理解，部分例句在原句基础上有所改动。

然力量，如例（6）中的太阳。例（1）至例（6）描述了物质动作过程；例
（7）和例（8）描述了社会动作过程。需要注意的是，例（2）中的"起来"
体现动作的开始，表达一种时间意义，在句法上为助动词，但在小句及物性
分析中不承担语义功能；而例（6）中的"起来"体现方向上的位移，表达
空间趋向意义，在及物性分析中承担语义功能，被称为"过程延长成分"。
在很多情况下，当单独的小句过程不足以表达完整的动作语义时，就会出现
过程延长成分。过程延长成分是小句过程的延伸和补充，用来辅助过程成分
完成意义的表达，并在及物性分析中承担语义功能。也就是说，过程延长成
分对构建小句意义起到至关重要的作用，该成分的缺失会造成对小句的过程
意义的误解。例如，在"他上过当"这一小句中，"上"是过程，"当"是过
程延长成分。单独的过程"上"不能表达该小句中的动作，只有过程"上"
和过程延长成分"当"组合起来才能表达准确、完整的意义。现代汉语小句
中过程延长成分的使用较为多样，如下述各例所示：

（9）你 [Ag] 在开 [Pro] 玩笑 [PrEx] 吧。

（10）那时候您 [Ag] 还没谈 [Pro] 恋爱 [PrEx] 吧？

（11）第一你 [Ag] 要讲 [Pro] 明白 [PrEx]，第二我 [Ag] 要听 [Pro] 明白
[PrEx]。

（12）你 [Ag] 写 [Pro] 清楚 [PrEx] 没有？

（13）门开着，谁 [Ag] 都进 [Pro] 得来 [PrEx]；门一关，谁 [Ag] 也进
[Pro] 不来 [PrEx]。

（14）一休禅师 [Ag] 安安稳稳坐 [Pro] 下来 [PrEx]。

（15）因为顾客 [Ag] 上 [Pro] 了一次当 [PrEx]，决不会再上 [Pro] 第二次
当 [PrEx] 了。

（16）他们 [Ag] 分头在岛上跑 [Pro] 了一圈 [PrEx]。

上述各例中，过程延长成分与过程成分一起表达完整的经验意义。龙
日金、彭宣维（2012：173-174）将例（9）和例（10）中的"玩笑"和"恋
爱"划分为过程的准受动者。这种划分方法有一定的道理，但是"开玩笑"

中的"开"与"开门"中的"开"表达的过程不同,"谈恋爱"中的"谈"与"谈话"中的"谈"表达的过程也不同,因此在例(9)和例(10)这两个小句中,过程"开"和"谈"不能准确完整地表达小句的过程意义,只有分别与"玩笑"和"恋爱"组合在一起,才能表达一个完整的过程意义。因此,将"玩笑"、"恋爱"划分为过程延长成分更为合理。

此外,汉语"动补结构"中的补语在语义层也可划分成不同类型的过程延长成分,主要包括实现动作结果意义的结果延长成分,如例(11)和例(12)中的"明白"及"清楚";实现空间趋向意义的趋向延长成分,如例(13)和例(14)中的"来"及"下来";实现动作数量意义的数量延长成分,如例(15)和例(16)中的"一次当"和"一圈"(何伟、杨楠2014)。过程延长成分在汉语小句中非常常见,下文出现时不再另作解释。

2.2.2 唯受事动作过程

与施事的语义性质相反,受事指的是动作的承受者或者被影响者。对于受事这一参与者角色,我们给出了测试方法:若X是受事,则小句可重新表达为"X所承受或经历的事是……"。例如"兔子死了"这一小句中,假定"兔子"是受事,测试方法如下:如果兔子是受事,则小句可重新表达为"兔子所承受或经历的事是它死了",逻辑正确,因此假定成立。

在唯受事动作过程中,只存在受事这一参与者角色,小句语义配置结构为"受事 + 过程"。这类过程小句描述了状态的变化,却不提及这种变化的造成者。在这类小句对应的情景中,动作是自然而然发生的,而不需要去考虑动作的发生是出于什么原因。例如"兔子死了"这一小句只描述了兔子从生到死这一状态的变化,关于兔子是如何死的,是自然死亡还是被捕猎者所杀,我们不得而知。这一类型的小句结构相当于Halliday(1994/2000:164;Halliday & Matthiessen 2004/2008:179,2014:224)所提出的作格分析法中只含有中介(Medium)的小句类型。

在唯受事动作过程小句中充当过程成分的动词都含有描述状态变化的语义成分,包括"死"、"开"、"碎"、"融化"、"升"、"举行"、"结束"、"失败"、"停止"等，如下述各例所示：

（1）亚历山大大帝 [Af] 三十多岁就死 [Pro] 了。

（2）过了一会儿，门 [Af] 开 [Pro] 了。

（3）玻璃 [Af] 碎 [Pro] 了。

（4）用开水浇雪，雪 [Af] 立刻融化 [Pro]。

（5）国旗 [Af] 升 [Pro] 起来 [PrEx] 了。

（6）钱 [Af] 花 [Pro] 光 [PrEx] 了。

（7）1913 年，第 1 届远东运动会 [Af] 在菲律宾举行 [Pro]。

（8）昨天，世界杯足球赛 A 组比赛 [Af] 结束 [Pro]。

（9）谈判 [Af] 失败 [Pro] 了。

（10）一切有意识的、企图达到某种状态的努力 [Af] 都停止 [Pro] 了。

（11）他们的阴谋 [Af] 决不能得逞 [Pro]。

上述各小句均以受事为中心，描述了受事的状态变化。例（2）至例（6）可以添加施事，构成"施事＋过程＋受事"的双参与者角色的语义配置结构。受事有多种类型，可以是有生命的物体，如例（1）中的人；可以是无生命的物质，如例（2）至例（6）；可以是事件，如例（7）至例（9）；也可以是抽象的事物，如例（10）和例（11）。

2.2.3　唯创造物动作过程

创造物指的是过程所创造出的个体，是过程的产物。也就是说，在动作发生之前，创造物并不存在。对于创造物，我们给出了测试方法：若 X 是创造物，则小句可重新表达为"所创造的是 X"。例如"小明 1991 年出生"这一小句中，假定"小明"是创造物，测试方法如下：如果"小明"是创造物，则小句可重新表达为"所创造的是小明"，逻辑正确，假定成立。

在唯创造物动作过程中，只有创造物这一参与者角色，小句语义配置结构为"创造物＋过程"，充当过程成分的动词包括"出生"、"做"、"成立"、"出现"、"产生"、"建成"、"爆发"等，如下述各例所示：

（1）葛德文 [Cre] 出生 [Pro] 于1756年，早年受过严格的宗教教育。

（2）饭 [Cre] 做 [Pro] 好 [PrEx] 了。

（3）1949年中华人民共和国 [Cre] 成立 [Pro]。

（4）1991年，大学生心理咨询专业委员会 [Cre] 成立 [Pro]。

（5）这样，一个一个的友伴群 [Cre] 就出现 [Pro] 了。

（6）初中生的成人感 [Cre] 逐渐产生 [Pro]。

（7）碳金融的发展框架 [Cre] 已经基本建成 [Pro]。

（8）第一次中东战争 [Cre] 爆发 [Pro]。

上述各例小句描述了创造物从无到有的过程。同唯受事过程一样，在汉语唯创造物过程小句中，创造物仿佛自然产生，不需要提及创造动作的发出者。在这类小句中，最典型的便是表达出生的过程，如例（1）。创造物有多种类型，可以是有生命的物体，如例（1）中的"葛德文"；可以是无生命的物质，如例（2）中的"饭"；可以是国家、社团等组织，如例（3）和例（4）中的"中华人民共和国"和"委员会"；可以是抽象的物，如例（5）至例（7）中的"友伴群"、"成人感"以及"发展框架"；也可以是事件，如例（8）中的"战争"。此类型小句中常常出现表示时间或地点的环境成分，为小句补充信息。

2.2.4　唯范围动作过程

范围是动作过程中一种特殊的参与者角色，表示过程发生的领域或范围。不同于施事以及受事，范围通常指无生命的物质，例如"看书"中的"书"，以及"爬山"中的"山"。范围与受事最大的不同之处在于，范围基本不受过程的影响，而受事则会受到影响。例如在"我们昨天去爬山了"这一动作小句中，"山"是范围，因为"山"只表示了"爬"这一动作过程的范围，而不会因为该动作发生变化。而在"愚公移山"这一小句中，"山"是受事，因为"山"受到过程"移"的影响，状态发生了变化，从原来的地方消失了。

在唯范围动作过程中，只有范围这一参与者角色，小句语义配置结构为

"范围 + 过程"。与2.2.2及2.2.3小节所讲的类似内容一样，在汉语这类表达方式中，动作自然发生，不需要考虑动作的发出者，例如在"舞跳完了"这一小句中，"舞"不可能自己完成"跳"的动作过程，但汉语中通常不使用被动语态来描述该类情景。小句仅描述了范围"舞"的情况，不考虑是谁跳完了舞。常出现在本类型中的动词有"读"、"唱"、"跳"、"看"、"讲"等，如下述各例所示：

（1）书 [Ra] 也读 [Pro] 了，却不用心。

（2）最后一支歌 [Ra] 唱 [Pro] 完 [PrEx] 了。

（3）街舞 [Ra] 跳 [Pro] 完 [PrEx] 了。

（4）牛奶喝完，信 [Ra] 也看 [Pro] 完 [PrEx] 了。

（5）这个学生的课 [Ra] 讲 [Pro] 完 [PrEx] 了，学生歇了，而他不能。

（6）那上面的图画 [Ra] 也看 [Pro] 了许多遍 [PrEx] 了。

需要注意的是，该类型小句中常常包含过程延长成分，辅助过程表达完整的经验意义，如例（2）至例（5）中的结果延长成分"完"以及例（6）中的数量延长成分"许多遍"。例（2）至例（5）中的"动词+完"属于"动+动"的动补结构，其中"完"表示持续过程的结束及完备、无遗漏等，帮助主要过程表达完整的过程意义，因此是"过程延长成分"；而这些例句中的"了"表示时间意义，在句法上为助动词，不承担语义角色。

汉语中唯范围动作过程小句主要反映了范围的情况，无需提及动作的发出者。然而在上述各例中也可以添加施事，构成"施事 + 过程 + 范围"的双参与者角色的语义配置结构，这类语义配置结构将在下文双参与者角色过程中详细阐述。

2.3 双参与者角色动作过程

2.3.1 施事 + 过程 + 受事

此类动作过程包含两个参与者角色——施事和受事。在此过程中，动作由施事发起，延伸并影响到受事。例如在"老虎追兔子"中，"追"的动作过程由施事"老虎"发出，影响了受事"兔子"。此类型明确了过程的责任人，即施事，因此又被称为"施事中心"过程（Agent-centered process）。与唯受事动作过程相同，本动作过程类型可以用于描述状态的变化，然而不同之处在于，此类型的过程本身要求施事与受事两个参与者角色的出现。例如，在"小明打碎了花瓶"中，"打碎"这一动作过程要求施事"小明"和受事"花瓶"两者的参与。尽管有时某个参与者角色没有体现在小句中，但我们知道该参与者只是被省略，成为了隐性参与者角色（covert PR）。例如在"花瓶被打碎了"中，施事被省略，变为隐性参与者角色。

此类动作过程大部分属于物质动作过程，描述物理性动作，但也有很多动作过程反映了社会经验。在描述社会动作过程时，施事和受事均为人或被拟人化的物。需要注意的是，描述婚姻类的社会动作过程，如"结婚"、"离婚"等并不属于此类。下面将结合例句对此类动作过程进行进一步说明。

（1）乾隆十九年，<u>一个法国人</u> [Ag] 在广州<u>杀</u> [Pro] 了<u>一个英国人</u> [Af]。

（2）<u>小刚</u> [Ag] 轻轻地<u>打开</u> [Pro] <u>门</u> [Af]。

（3）<u>小弟</u> [Ag] 不小心<u>打碎</u> [Pro] 了<u>家中唯一的一支体温计</u> [Af]。

（4）<u>业主</u> [Ag] 在某一天必须<u>升起</u> [Pro] <u>各自的国旗</u> [Af]。

（5）<u>她</u> [Ag] <u>花</u> [Pro] <u>光</u> [PrEx] 了<u>自己全部的积蓄</u> [Af]，几至山穷水尽。

"施事＋过程＋受事"的语义配置结构是动作过程中最为常见的一种。与2.2.2小节中的唯受事动作过程不同，本类型小句体现了造成受事状态变化的原因，也就是过程的启动者——施事，如上述各例所示。此类小句以施事为中心，动作过程影响了受事，过程本身期待施事和受事同时出现。

（6）你要是告诉他这是药，<u>他</u> [Ag] 就永远不<u>吃</u> [Pro]。

（7）是我，陆辅臣。快<u>开</u> [Pro] <u>门</u> [Af]！

（8）在这次政变中，<u>总统、国民议会议长以及4名部长</u> [Af]被<u>杀害</u> [Pro]。

（9）总而言之，<u>我们的车</u> [Af] 被<u>偷</u> [Pro] 了。

（10）<u>这种"生态平衡"</u>[Af] 就被<u>打破</u> [Pro] 了。

　　虽然这类小句期待施事和受事均出现，但是在某些情况下，某个参与者角色会成为隐性参与者角色，如例（6）至例（10）所示。当小句中出现隐性参与者角色时，可能是出于以下几种情况：a. 隐性参与者角色显而易见，读者可以根据上下文直接推断得出，如例（6）中可以根据上文，补充出缺失的受事"药"；例（7）是祈使句，可以推断出缺失了施事"你"或者"你们"。b. 避免为小句中的事件指定责任人，因此采用隐性参与者角色，如例（8）中的施事为隐性参与者角色，小句可以避免提及杀人者。c. 参与者角色不得而知，因此成为隐性参与者角色，如例（9）可表示不知道是谁偷了我们的车。d. 参与者角色与作者的写作目的不相关，如例（10）中，究竟是谁或是什么打破了生态平衡对作者想要表达的主题没有影响，因此施事成为隐性参与者角色（Fawcett 2010：38-39）。

（11）<u>毒品吸食者</u> [Ag] <u>害</u> [Pro] 了<u>自己</u> [Af]，贩卖者害了许多别人。

（12）<u>我们</u> [Ag] 在欺骗 [Pro] <u>自己</u> [Af]。

（13）<u>秦朝中央的主要官职彼此</u> [Ag-Af] <u>牵制</u> [Pro]。

　　例（11）和例（12）中使用了反身代词作为受事。尽管施事和反身代词所指一致，但小句中反身代词同其他类型的受事一样受到了过程的影响。我们可以将例（12）中的反身代词"自己"换成"她"，在"我们在欺骗她"这一小句中，"她"是受事；所以"我们在欺骗自己"这一小句中，反身代词"自己"便是受事。在分析这类小句时，我们可以把反身代词替换成普通的名词词组，替换后的名词词组承担的语义角色便是反身代词所承担的语义角色。需要注意的是，在例（13）中，施事和受事重合。

（14）<u>机器人</u> [Ag] 能够<u>加工</u> [Pro] <u>零件</u> [Af]。

（15）<u>暖流</u> [Ag] 又<u>融化</u> [Pro] 了<u>岩石上的冰层</u> [Af]。

（16）<u>山洪、泥石流</u> [Ag] <u>卷走</u> [Pro] 了<u>人畜、房屋</u> [Af]。

（17）<u>高压电线</u> [Af] 又被<u>大风</u> [Ag] <u>刮</u> [Pro] <u>断</u> [PrEx]。

（18）小臣古的车马 [Ag] 碰撞 [Pro] 了商王的车子 [Af]。

（19）电锯 [Ag] 从上往下分锯 [Pro] 木头 [Af]。

（20）锤子 [Ag] 砸到 [Pro] 了手指上 [Af]。

（21）一把尖刀 [Ag] 割 [Pro] 断 [PrEx] 了他的喉管 [Af]。

（22）抽烟 [Ag] 可以刺激 [Pro] 大脑神经 [Af]。

（23）鸦片战争 [Ag] 敲开 [Pro] 了沉睡的中国的大门 [Af]。

　　如上文所述，一般来说，施事指有意识的物体，例如人或者动物。然而，施事的类型不仅限于此，如例（14）至例（23）所示。例（14）中施事是"机器人"，因为机器人是拟人化物体；例（15）、例（16）和例（17）中施事是"暖流"、"山洪、泥石流"以及"大风"，因为该类自然力量如人类一样可以造成其他物体状态的改变；例（18）中的施事是"小臣古的车马"，因为交通工具与动物相似，可以行动；例（19）至例（21）中施事分别是"电锯"、"锤子"以及"一把尖刀"。虽然在很多情况下，工具在小句中充当环境成分角色，但在例（19）至例（21）这类小句中，由于工具由人类使用，被看作人类的延伸，因此可以充当施事；例（22）和例（23）中，施事是"抽烟"和"鸦片战争"，因为事件同其他类型的施事一样，可以对受事造成影响。

（24）本研究 [Ag] 要探索 [Pro] 一种利于青少年健康成长的积极构念 [Af]。

（25）教师 [Ag] 需要帮助 [Pro] 每一个孩子 [Af]。

（26）资方 [Ag] 解雇 [Pro] 工人及职员 [Af]。

（27）列宁 [Ag] 发展 [Pro] 了马克思主义教育学说 [Af]。

　　前23个例子大多描述了物理性动作，属于物质动作过程。例（24）至例（27）描述了人与人之间在社会心理层面的相互作用，属于社会动作过程，如"探索"、"帮助"、"解雇"以及"发展"等动作过程。需要注意的是，在例（24）中，"本研究"是施事，这类小句常出现在学术文章中。

　　与英语不同，汉语中词序不是固定不变的（朱德熙 1982：1-2），因此各个参与者角色的位置与英语相比更为灵活，甚至过程成分的位置也不是固定的。在个别句式中，过程成分可能出现在小句结尾处，如例（28）和例（29）。在进行语义分析时，这两个小句可以改写成"他打开大门"以及"人家辞退了你"。然而为了突出受事，小句可以通过"把"字句式，使受事置于过程之前，句法上使得小句的中心转移到谓体上，语义上强调过程对受事造成的行为结果（张敬源、倪梦凝 2013）。

（28）所以他 [Ag] 把 [PrEx] 大门 [Af] 打开 [Pro]。

（29）现在人家 [Ag] 把 [PrEx] 你 [Af] 辞退 [Pro] 了。

2.3.2 施事 + 过程 + 创造物

如 2.2.3 小节所述，创造物是过程创造出的产物，具有从无到有的特点。在本小节的动作过程类型中，施事发起的动作导致了创造物的产生。例如在"小李写了一篇文章"中，"小李"是施事，"一篇文章"是创造物；"一篇文章"原本不存在，施事通过"写"这一动作过程，产生了创造物。与上一小节所述相同，该类型中的过程成分要求施事和创造物同时出现，但有时某一参与者角色也会在小句中被隐去，成为隐性参与者角色。常出现在此类动作过程中的动词有"盖"、"发明"、"建"、"绘制"、"起草"、"制造"、"建立"、"造成"、"创造"、"引起"等，如下述各例所示：

（1）婚后第二年的春天，王采玉 [Ag] 生 [Pro] 了一个儿子 [Cre]。

（2）我自己 [Ag] 没盖 [Pro] 房子 [Cre]。

（3）美国莱特兄弟 [Ag] 发明 [Pro] 了飞机 [Cre]。

（4）他们 [Ag] 在河南建 [Pro] 了一所希望小学 [Cre]。

（5）使用者 [Ag] 可绘制 [Pro] 各种复杂的函数图形 [Cre]。

（6）有关部门 [Ag] 正在积极起草 [Pro]《国债法》[Cre]。

（7）国家 [Ag] 建立 [Pro] 义务教育经费保障机制 [Cre]。

（8）否则，这些人 [Ag] 就会在会议期间制造 [Pro] 麻烦 [Cre]。

（9）扩大基础设施的公共投资 [Ag] 也能创造 [Pro] 就业岗位 [Cre]。

（10）许多矛盾的堆积 [Ag] 甚至可能引起 [Pro] 经济的下滑 [Cre]。

（11）只有新人道主义 [Ag] 能造成 [Pro] 人的变革 [Cre]。

与2.2.3小节所讲的唯创造物动作过程不同，在"施事＋过程＋创造物"的语义配置结构中，小句反映出创造过程的发起者，即施事，如上述各例所示。在本过程类型中，施事可以是人，如例（1）至例（5）以及例（8）；可以是国家或机关等组织，如例（6）和例（7）；可以是事件，如例（9）和例（10）；也可以是抽象的物，如例（11）。创造物也有多种类型，可以是人，如例（1）中的"一个儿子"；可以是具体的物，如例（2）至例（6）中的"房子"、"飞机"、"一所希望小学"、"各种复杂的函数图形"以及"《国债法》"；可以是抽象的物，如例（7）至例（9）中的"义务教育经费保障机制"、"麻烦"以及"就业岗位"；也可以是事件，如例（10）和例（11）中的"经济的下滑"和"人的变革"。

2.3.3　施事＋过程＋范围

与唯范围动作过程不同，在本类型小句中，施事和范围通常都会出现。施事是过程的启动者，范围限定了动作发生的领域而非动作的结果，通常指没有生命的物。例如在"我在唱歌"这一小句中，"我"是施事，"歌"是范围，范围描述了过程"唱"的区域。常出现在此类动作过程中的动词有"上"、"爬"、"下"、"踢"、"弹"、"拉"、"唱"、"跳"、"表演"、"阅读"、"赢"、"输"、"反对"、"支持"等，如下述各例所示：

（1）他们 [Ag] 能打洞、上 [Pro] 树 [Ra]，会爬 [Pro] 山 [Ra]、涉 [Pro] 水 [Ra]。

（2）歹徒 [Ag] 慌忙跑 [Pro] 下 [PrEx] 楼梯 [Ra]。

（3）机器人 [Ag] 会下 [Pro] 象棋 [Ra]。

（4）几个男孩 [Ag] 正在操场上踢 [Pro] 足球 [Ra]。

（5）李宏 [Ag] 多才多艺，能弹 [Pro] 钢琴 [Ra]，拉 [Pro] 手风琴 [Ra]。

（6）他 [Ag] 在唱 [Pro] 一支西班牙歌曲 [Ra]。

（7）灯泡上的人物 [Ag] 有时跳 [Pro] 舞 [Ra]，有时表演 [Pro] 哑剧 [Ra]。

（8）<u>化学家们</u> [Ag] <u>阅读</u> [Pro] <u>这个世纪的化学史</u> [Ra]，应该感到骄傲。

（9）<u>我们</u> [Ag] <u>赢</u> [Pro] 了<u>最后的三场比赛</u> [Ra]。

（10）那么<u>他</u> [Ag] 不仅已<u>输</u> [Pro] 了<u>一场战役</u> [Ra]，而且也<u>输掉</u> [Pro] <u>整个战局</u> [Ra]。

（11）<u>同光时代的士大夫</u> [Ag] <u>反对</u> [Pro] <u>自强新政</u> [Ra]。

（12）<u>社会各界</u> [Ag] 应当<u>支持</u> [Pro] <u>残疾人教育事业</u> [Ra]。

从上述各例中可以看出，此类语义配置结构可以描述多种动作类别，涉及多个范围类型。例（1）和例（2）描述了最常见的类型，即爬上／下山、爬树、爬楼梯等攀登过程；例（3）和例（4）描述了体育运动，此类语义配置结构中的体育运动通常是球类运动；例（5）至例（7）描述了演奏乐器、表演歌舞等文艺活动；例（8）描述了看书这一阅读活动；例（9）和例（10）描述了输掉或赢得（比赛、战役等）的社会动作过程；例（11）和例（12）描述了支持或反对（提案、意见等）的社会动作过程。

2.3.4 施事 + 过程 + 方式

一般来说，小句中表达方式的成分属于环境角色（Circumstantial Role），而非参与者角色。然而在本类型中，过程本身期待方式的参与，否则小句不完整。例如在小句"我表现得很好"中，如果去掉"很好"，小句剩余部分"我表现得"是不完整的，因此"很好"是方式参与者。只有很少一部分动词可以体现此类动作过程，包括"表现"、"装"等，如下述各例所示：

（1）总的来说，**联邦政府** [Ag] <u>表现</u> [Pro] 得<u>相当出色</u> [Ma]。

（2）<u>那几个球员</u> [Ag] 仍要<u>表现</u> [Pro] 得<u>好像他们是最棒的</u> [Ma]。

（3）<u>我姐姐</u> [Ag] 尽量<u>装</u> [Pro] 得<u>挺高兴</u> [Ma]。

（4）<u>他</u> [Ag] <u>装</u> [Pro] 得<u>好像我弄伤了他</u> [Ma]。

方式通常由性质词组体现，如例（1）和例（3）所示；但也可以由小句体现，如例（2）和例（4）所示。需要注意的是，方式在本类型小句中是参与者角色，但小句中表达方式的成分有时也可以充当环境成分。例如，在小句"她用力地握着我的手"中,"用力地"是表达方式的环境成分,而不是参与者角色,因为此处的"用力地"不是小句过程必须期待出现的角色。

2.3.5 施事–载体 + 过程 + 方向

此类动作过程包含一个复合参与者角色——施事–载体(Agent-Carrier)。复合参与者角色由两个简单参与者角色组成,并带有这两个参与者角色的特征。本节中的施事–载体这一复合参与者角色具有施事和载体两种性质。如上文所述,施事指动作的发起者;而载体一般出现在关系过程中,表示具有某种属性或状态的人或物体(详见第四章)。因此,施事–载体在小句中既是动作的发起者,又是某种属性或者状态的承载者。

方向(Direction)是此类动作过程中所涉及的另一个参与者角色,通常用来表示地理上的方向,也可以表示时间上的方向。该参与者角色可以进一步分为三类:来源(Source)、路径(Path)和目的地(Destination)。一般情况下,方向由介词短语或名词词组来体现,如"从北京"或"五台山"等。方向与表达地点的环境成分之间的不同在于是否被小句过程所期待:方向是小句过程期待出现的参与者,若去掉方向,小句不完整;而删去小句中表达地点的环境成分,只会缺少信息,但不会导致小句的不完整。例如,在"上周,我去了香港"中,如果去掉"香港",小句是不完整的,因此此处的"香港"是方向,更准确地说是"目的地"。而在"我们将在香港碰面"中,若删去"在香港","我们将碰面"仍是完整的小句,因此"在香港"是环境成分。

此类动作小句可包含一个或多个方向,例如"教授去了北京"仅含有目的地这一个方向参与者角色;而"我已从马来西亚途经香港抵达北京"含有三个方向参与者角色,分别是来源、路径以及目的地。表达此类过程的常见动词包括"来"、"去"、"出发"、"途经"、"抵达"、"到达"、"赶到"、"走"、"飞"、"骑"、"跑"、"回"等,如下述各例所示:

(1)他 [Ag-Ca] 从江苏 [Dir: So] 出发 [Pro]。

(2)此行他 [Ag-Ca] 途经 [Pro] 西安 [Dir: Pa]。

（3）当晚6时15分，<u>孙中山一行</u> [Ag-Ca] <u>抵达</u> [Pro] <u>总统府</u> [Dir: Des]。

（4）a.　一天，<u>三位王子</u> [Ag-Ca] <u>来到</u> [Pro] <u>一座陡峭的高山上</u> [Dir: Des]。

　　　b.　一天，<u>三位王子</u> [Ag-Ca] <u>来</u> [Pro] <u>到</u> [PrEx] <u>一座陡峭的高山上</u> [Dir: Des]。

（5）<u>塔亚总统一行</u> [Ag-Ca] 于9月19日<u>从北京</u> [Dir: So] <u>到达</u> [Pro] <u>大连</u> [Dir: Des]。

（6）<u>思成</u> [Ag-Ca] <u>从一家医院</u> [Dir: So] <u>赶到</u> [Pro] <u>另一家医院</u> [Dir: Des]

　　例（1）至例（6）描述了最典型的"施事–载体＋过程＋方向"类小句。简单来讲，这类小句可以表述为"X从xx经过xx去xx"，其中xx通常为地点。小句中可以包含一个或多个方向，如例（1）至例（4）只含有一个方向，例（5）和例（6）中含有两个方向。需要注意的是，例（4）这类小句有两种分析方法，由于语言的发展和汉语中对双音节词的惯用，在例（4a）中，"来到"被合并在一起，分析为过程。然而，"来到"实际上可以进行进一步分析，"来"是过程，"到"是过程延长成分，实现动作的空间趋向意义，如例（4b）所示。鉴于本节此类小句较多，下文对这类小句的分析将只列出第一种分析方法，即将过程与过程延长成分合并为过程，而不再对二者进行拆分。

（7）<u>她</u> [Ag-Ca] 又<u>走到</u> [Pro] <u>学校图书馆门前</u> [Dir: Des]。

（8）<u>我</u> [Ag-Ca] 是<u>从上海</u> [Dir: So] <u>飞往</u> [Pro] <u>武汉</u> [Dir: Des] 的。

（9）<u>她</u> [Ag-Ca] <u>从新侨饭店</u> [Dir: So] <u>骑到</u> [Pro] <u>北海</u> [Dir: Des]，

（10）<u>菲力比斯</u> [Ag-Ca] <u>从马拉松</u> [Dir: So] 一直<u>跑到</u> [Pro] <u>雅典城</u> [Dir: Des]

（11）几天前，<u>我</u> [Ag-Ca] <u>从深圳</u> [Dir: So] <u>开</u> [Pro] <u>车</u> [PrEx] <u>到广州</u> [Dir: Des]。

（12）<u>我</u> [Ag-Ca] <u>从北京</u> [Dir: So] <u>步行</u> [Pro] <u>到石家庄国棉一厂</u> [Dir: Des]。

（13）<u>他们</u> [Ag-Ca] <u>从香港</u> [Dir: So] <u>坐</u> [Pro] <u>飞机</u> [PrEx] <u>到广州</u> [Dir: Des]

　　与前6例不同，例（7）至例（13）中的过程不仅描述了动作的方向，同时也表现了动作的方式，例如"走"、"开车"、"飞"、"骑"、"跑"、"步行"、"坐飞机"等。需要注意的是，在例（11）至例（13）中，"从……

到……"作为一个整体，在小句中表达"方向"，因此这三个小句中的过程
（以及过程延长成分）便分别由"开车"、"步行"、"坐飞机"体现。在多数
情况下，动作的方式由环境成分体现，如在"几天前，我［Ag-Ca］开车到
［Pro］了广州［Dir: Des］"这一例子中，小句的过程是"到"，而"开车"是
环境成分，表示动作的方式。

（14）一辆公共汽车 [Ag-Ca] 从南 [Dir: So] 向北 [Dir: Des] 疾驶而来 [Pro]。

（15）船队 [Ag-Ca] 途经 [Pro] 近十个国家 [Dir: Pa]。

（16）两只鸟儿 [Ag-Ca] 能一起飞到 [Pro] 一个林子里 [Dir: Des]。

此类动作过程中的施事–载体通常是人，如前13例所示。除了人，交
通工具以及动物也可以充当小句中的施事–载体，如例（14）至例（16）
所示。

（17）中国 [Ag-Ca] 不可能再回到 [Pro] 过去那种封闭时代 [Dir: Des]。

（18）桐梓人 [Ag-Ca] 正满怀信心大步走向 [Pro] 未来 [Dir: Des]

（19）俩人 [Ag-Ca] 准备携手步入 [Pro] 婚姻的殿堂 [Dir: Des]。

（20）为什么你 [Ag-Ca] 不愿走到 [Pro] 政治舞台上去 [Dir: Des] ？

方向通常表示地理上的方向，如前16例所示；此外，也可以表示时间
上的方向，如例（17）和例（18）所示。此类动作过程不仅能表达具体的物
质动作过程，也可以用于隐喻表达、体现抽象的社会动作过程，如例（19）
和例（20）所示。

2.3.6　受事–载体 + 过程 + 方向

此类动作过程中的复合参与者角色受事–载体具有受事和载体的特点，
既是动作的承受者或受影响者，又是某种属性或状态的承载者。受到受事的
影响，受事–载体同样不具有主动性，小句反映的情景仿佛是自然而然地发
生的，没有必要指出情景的发起者。因此，受事–载体往往不表示人类，而
指没有生命的物体。例如在"这批货已经送到广州"中，受事–载体"这批
货"肯定不能自己到达广州，但经验过程的这种表达形式使得情景看起来是

自然而然地发生的，而不用提及是谁把货物送达广州的。

与上节相同，此类动作小句可以包含一个或多个方向，例如"包裹寄到了北京"包含一个方向参与者，即目的地；而"货物已从新加坡经由香港抵达北京"包含三个方向参与者，分别是来源、路径以及目的地。表达此类动作过程的常见动词包括"送"、"来"、"运出"、"辗转"、"输送"、"落"、"进"、"排出"、"传送"等，如下述各例所示：

（1）近年来，佛指舍利 [Af-Ca] 分别来到 [Pro] 台湾及香港 [Dir: Des]。

（2）每年有占世界出口总量一半以上的石油 [Af-Ca] 从这里 [Dir: So] 运出 [Pro]。

（3）历史上，中国丝绸、印度香料等货物 [Af-Ca] 从这里 [Dir: Pa] 辗转 [Pro]。

（4）而城市的废弃物 [Af-Ca] 也必须输送到 [Pro] 系统之外 [Dir: Des]。

（5）包裹 [Af-Ca] 从空中 [Dir: So] 稳稳地落向 [Pro] 湖边 [Dir: Des]。

（6）球 [Af-Ca] 从大门左上角 [Dir: So] 进 [Pro] 网 [Dir: Des]。

（7）少数废物 [Af-Ca] 从汗液中 [Dir: So] 排出 [Pro]。

（8）成吨的物质 [Af-Ca] 从遥远的星系 [Dir: So] 传送到 [Pro] 平台上 [Dir: Des]。

（9）数据 [Af-Ca] 均传送到 [Pro] 服务器中 [Dir: Des]。

例（1）至例（4）以及例（7）和例（9）中只包含了一种方向，其余各例包含了两种方向。例（1）至例（3）体现了最典型的"受事–载体＋过程＋方向"语义配置结构的过程小句，该类小句同"施事–载体＋过程＋方向"小句一样，可以简化为"Y从xx经过xx去xx"，其中xx通常为地点。方向中的地点可以是地理上的地点，如例（1）中的"台湾及香港"，例（2）和例（3）中指代地点的指示代词"这里"，以及例（5）中的"空中"和"湖边"；可以是具体的物，如例（4）中的"系统之外"，例（6）中的"网"以及例（7）中的"汗液"；也可以是虚拟的物，如例（8）中的"平台"以及例（9）中的"服务器"。

2.4 三参与者角色动作过程

2.4.1 施事 + 过程 + 受事 + 方式

此类动作过程要求施事、受事和方式这三个参与者角色同时出现，去掉其中任何一个，小句就不完整。同2.3.4小节所讲的方式一样，在此类动作过程的语义配置结构中，方式不是环境成分，而是参与者角色。表达此类动作过程的动词很少，包括"对"、"待"、"对待"等，如下述各例所示：

（1）班里一位女生 [Ag] 待 [Pro] 她 [Af] 如亲姐妹 [Ma]。

（2）我们 [Ag] 怎么会对 [Pro] 她 [Af] 不好 [Ma]？

（3）教师 [Ag] 在教育教学中应当平等 [Ma] 对待 [Pro] 学生 [Af]。

（4）咨询者 [Ag] 就必须认真 [Ma] 对待 [Pro] 每一阶段 [Af]。

在此类动作过程中，受事可以指人，如例（1）至例（3），也可以指物（包括抽象的物），如例（4）。方式的位置也比较灵活，可以置于过程之后，如例（1）和例（2），也可以置于过程之前，如例（3）和例（4）。

2.4.2 施事 + 过程 + 受事–载体 + 方向

此类语义配置结构的后半部分与2.3.6小节中的内容有相似之处，其中受事–载体这一复合参与者角色既是动作的承受者或受影响者，又是方向的承载者。不同之处在于本类型语义配置结构中包含另一个参与者角色——施事。也就是说，施事通过动作过程将受事–载体与方向联系起来，受事–载体这一参与者角色与施事之间存在一个动作过程，并由过程成分体现，过程的结果又使得这一参与者角色与方向之间存在一个关系过程。由于该参与者既带有受事的特点，同时也具有载体的性质，因此将该参与者角色定为复合参与者角色——受事–载体。例如在"我送他到机场"中，施事"我"通过过程"送"使得受事–载体"他"到达目的地"机场"，"他"既是过程"送"的受事，也是方向"机场"的载体。需要注意的是，尽管受事–载体与方向之间形成了关系过程，但该关系过程是动作过程的结果，而非过程本身，小句中谓体体现的实际是动作过程，因此本类型小句归根结底属于动作过程，而非关系过程。表达此类动作过程的最常见动词是"送"，包括"运送"、"发送"等，另外还有"领"、"带"、"卖"、"运"、"放"、"藏"、"打捞"等，如下述各例所示：

（1）他俩 [Ag] 送 [Pro] 我 [Af-Ca] 到 [PrEx] 村口 [Dir: Des]。

（2）第一海务大臣 [Ag] 领 [Pro] 我 [Af-Ca] 到 [PrEx] 波特兰 [Dir: Des]。

（3）她 [Ag] 带 [Pro] 他 [Af-Ca] 通过 [PrEx] 一狭窄通道 [Dir: Pa]。

（4）他们 [Ag] 把 [PrEx] 产品 [Af-Ca] 卖 [Pro] 到 [PrEx] 省会昆明 [Dir: Des]。

（5）大庆"小红帽" [Ag] 送 [Pro] 货 [Af-Ca] 到 [PrEx] 万家 [Dir: Des]。

（6）禁毒委员会 [Ag] 把 [PrEx] 禁毒宣传材料 [Af-Ca] 发送 [Pro] 到 [PrEx] 全国的强制戒毒所 [Dir: Des]。

（7）6艘驳船 [Ag] 把 [PrEx] 矿砂 [Af-Ca] 运到 [Pro] 附近码头堆场 [Dir: Des]。

（8）破冰船 [Ag] 把 [PrEx] 两名驾驶员 [Af-Ca] 从海上 [Dir: So] 打捞 [Pro] 上来 [PrEx]。

（9）血液 [Ag] 运送 [Pro] 氨基酸、葡萄糖 [Af-Ca] 至 [PrEx] 全身 [Dir: Des]。

（10）你 [Ag] 把 [PrEx] 书 [Af-Ca] 放 [Pro] 在台板下 [Dir: Des]。

（11）桓公 [Ag] 为什么却把 [PrEx] 兵士 [Af-Ca] 藏 [Pro] 在壁后 [Dir: Des] 呢？

（12）党和国家 [Ag] 把 [PrEx] 教育 [Af] 放 [Pro] 在优先发展的战略地位 [Dir: Des]。

（13）服务信息 [Af-Ca] 由 [PrEx] 服务供应商 [Ag] 发送 [Pro] 到 [PrEx] 用户手机 [Dir: Des]。

（14）数据包 [Af-Ca] 只被 [PrEx] 发送 [Pro] 到 [PrEx] 目的端口 [Dir: Des]。

从上述各例中可以看出，在这一语义配置结构中出现频率最高的方向类型是目的地。例（1）至例（4）是典型的"施事＋过程＋受事–载体＋方向"类型小句，在这些小句中，施事是人，方向中的地点是表示城市、国家类的地理地点。而在例（5）至例（9）中，施事种类多样。施事可以是公司、机关等组织，如例（5）和例（6）；可以是交通工具，如例（7）和例（8）；也可以是其他类型的物质，如例（9）。不同于前9例，例（10）至例（12）中的过程不表达运送意义，而是表达放置意义，方向中的地点也比前9例更加具体，范围更小。其中例（12）是该过程类型的比喻用法。例（13）将受事–载体主位化，施事由介词引出，置于谓体之前。例（14）中省略了施事，使其变为隐性参与者角色。有时，小句中可使用"把"字句式将受事–载体置于过程之前，用以强调过程对受事–载体造成的行为结果，如例（4）、例（6）、例（7）、例（8）以及例（10）到例（12）。

2.4.3 施事＋过程＋方向＋受事–载体

此类动作过程的语义配置结构与上节相似，但方向出现在受事–载体之前，例如"公司发往广州一船玻璃"。需要注意的是，这里的受事–载体通常是物，而不是人；如受事–载体是人，往往使用上一小节的语义配置结构，即将受事–载体置于方向之前。出现在此类语义配置结构中的常见动词与上一小节相似，包括"带"、"投"、"投掷"、"送"、"安放"、"移除"、"塞"、"扔"等，如下述各例所示：

（1）她 [Ag] 由浙江曹娥站 [Dir: So] 发往 [Pro] 唐山南站 [Dir: Des] 服装4包 [Af-Ca]。

（2）宇航员 [Ag] 又从地球上 [Dir: So] 带去 [Pro] 一辆月面自动车 [Af-Ca]。

（3）美国 [Ag] 在日本的广岛、长崎 [Dir: Des] 投掷 [Pro] 了两颗原子弹 [Af-Ca]。

（4）明明的爸爸 [Ag] 在院子里 [Dir: Des] 专门安放 [Pro] 了一个秋千 [Af-Ca]。

（5）服务器 [Ag] 向工作站 [Dir: Des] 发送 [Pro] 启动数据 [Af-Ca]。

（6）他 [Ag] 给立法院 [Dir: Des] 送去 [Pro] 一个咨文 [Af-Ca]。

（7）犯罪人 [Ag] 向被害人食物中 [Dir: Des] 投放 [Pro] 了毒药 [Af-Ca]。

（8）一些学者 [Ag] 很早就能够从小鼠胚胎中 [Dir: So] 移除 [Pro] 细胞 [Af-Ca]。

（9）她 [Ag] 往我手里 [Dir: Des] 塞 [Pro] 了几张零票 [Af-Ca]。

（10）孩子们 [Ag] 常常朝她 [Dir: Des] 扔 [Pro] 石头 [Af-Ca]。

上节中的过程类型强调动作的结果，而本节中的过程类型强调动作的动态过程。需要注意的是，在本节所讨论的语义配置结构中，方向往往提置于过程之前。同上节相同，此类语义配置结构中方向所含的地点也有多种类型，最常见的是典型的地理地点，包括城市、国家等，如例（1）至例（3）；也可以是更小的表示处所类的地点，如例（4）至例（6）；或者指向具体的人或物体，如例（7）至例（10）。

2.4.4 施事 + 过程 + 受事–感知者 + 受事–现象

在本类型小句中，施事发出的动作使感知者感知到现象。由于过程延伸到后两个参与者角色，因此这两个参与者角色也带有受事的性质，便被定义为复合参与者角色，即受事–感知者和受事–现象。例如在"我展示给观众一个真实的我"中，"我"是施事，"观众"是受事–感知者，"一个真实的我"是受事–现象，施事发出的动作使受事–感知者看到受事–现象。表达此类过程的常见动词不多，包括"展示"、"展现"、"揭示"、"泄露"等，如下述各例所示：

（1）她 [Ag] 天天展示 [Pro] 给 [PrEx] 别人 [Af-Perc] 一张"苦瓜脸" [Af-Ph]。

（2）申雪赵宏博 [Ag] 在新赛季展现 [Pro] 给 [PrEx] 人们 [Af-Perc] 一副"新面孔" [Af-Ph]。

（3）他 [Ag] 向 [PrEx] 全世界 [Af-Perc] 展现 [Pro] 篮球的艺术 [Af-Ph]。

（4）简单对比两者的研究主题 [Ag] 并不能为 [PrEx] 我们 [Af-Perc] 揭示出 [Pro] 有意义的结论 [Af-Ph]。

（5）不得向 [PrEx] 客户方任何人 [Af-Perc] 泄露 [Pro] 访谈对象个人观点 [Af-Ph]。

从上述各例中可以看出，施事通过过程使得感知者感知到现象。小句中的受事–感知者一般由"给"、"向"等介词引出，常常提置于过程之前，如例（3）至例（5）所示。小句中的施事通常是人，如例（1）至例（3）；也可以是事件，如例（4）；还可以省略，成为隐性施事，如例（5）。

2.4.5 施事 + 过程 + 受事–现象 + 受事–感知者

本过程类型与上节相似，但两个复合参与者角色交换了位置，受事–现象置于受事–感知者之前。出现在此类语义配置结构中的常见动词与上节相同，如下述各例所示：

（1）她 [Ag] 把 [PrEx] 学生们制作的各种模型 [Af-Ph] 展示 [Pro] 给 [PrEx] 大家 [Af-Perc]。

（2）行为主体 [Ag] 将 [PrEx] 内幕信息 [Af-Ph] 泄露 [Pro] 给 [PrEx] 他人 [Af-Perc]。

（3）上帝 [Ag] 把 [PrEx] 它明显的意图 [Af-Ph] 通过种种事件揭示 [Pro] 给 [PrEx] 人们 [Af-Perc]。

（4）电影 [Ag] 将 [PrEx] 多姿多彩的外部世界 [Af-Ph] 展现 [Pro] 给 [PrEx] 观众 [Af-Perc]。

（5）将 [PrEx] 中国电子行业的风采 [Af-Ph] 展示 [Pro] 给 [PrEx] 世界 [Af-Perc]。

与上节相同，在上述各例中，施事通过过程使感知者感知到现象。小句中的受事–现象通过"把"字句式提置于过程之前。小句中的施事通常是人或有能动性的主体，如例（1）至例（3）；也可以是物质，如例（4）；还可以被省略，变为隐性施事，如例（5）。

2.4.6 施事 + 过程 + 受事–拥有者 + 受事–拥有物

在本类型小句中，施事启动的动作连接了拥有者与拥有物，建立起两者间的拥有关系。由于过程延伸到后两个参与者角色，因此这两个参与者角色为复合参与者角色：受事–拥有者和受事–拥有物。例如在"他给了我一本书"中，"他"是施事，"我"是受事–拥有者，"一本书"是受事–拥有物，施事发出的动作过程使得受事–拥有者持有受事–拥有物。表达此类过程最常见的动词是"给"以及表达给予意义的动词，包括"提供"、"给予"、"交"、"授予"、"赠予"、"颁发"、"卖"、"借"、"退还"、"献"、"带"等，除此之外还有"欠"、"花"等，如下述各例所示：

（1）他 [Ag] 送 [Pro] 我 [Af-Posr] 一本画册 [Af-Posd]。

（2）a. 他 [Ag] 可以交给 [Pro] 我 [Af-Posr] 一些任务 [Af-Posd]。

　　　b. 他 [Ag] 可以交 [Pro] 给 [PrEx] 我 [Af-Posr] 一些任务 [Af-Posd]。

（3）我 [Ag] 给予 [Pro] 他们 [Af-Posr] 6项权力 [Af-Posd]。

（4）专利局 [Ag] 提供给 [Pro] 了他 [Af-Posr] 一个稳定的职位和收入 [Af-Posd]。

（5）军分区 [Ag] 授予 [Pro] 我 [Af-Posr] "人民的好儿子"称号 [Af-Posd]。

（6）我 [Ag] 赠予 [Pro] 你 [Af-Posr] 衷心的祝福 [Af-Posd]。

（7）北京市版权局 [Ag] 已颁发给 [Pro] 我 [Af-Posr] 著作权登记证 [Af-Posd]。

（8）一汽 [Ag] 以很低的价格卖给 [Pro] 他 [Af-Posr] 这部车 [Af-Posd]。

（9）后来友协 [Ag] 才借给 [Pro] 他 [Af-Posr] 一台公家的彩电 [Af-Posd]。

（10）汪伟 [Ag] 能退还 [Pro] 我 [Af-Posr] 30多万元钱 [Af-Posd]。

（11）我 [Ag] 愿意为 [PrEx] 孙先生的铁路宏图 [Af-Posr] 献出 [Pro] 我的一切 [Af-Posd]。

（12）惩罚 [Ag] 会给 [PrEx] 人 [Af-Posr] 带来 [Pro] 羞愧、痛苦等消极的情感体验 [Af-Posd]。

（13）老板 [Ag] 欠 [Pro] 他 [Af-Posr] 2000元工钱 [Af-Posd]。

（14）仅打桩 [Ag] 花 [Pro] 了史玉柱 [Af-Posr] 一亿多元 [Af-Posd]。

例（1）至例（12）为典型的此类小句，表达"给予"的过程意义，使受事–拥有者拥有受事–拥有物。例（13）和例（14）中的过程虽然不直接表达给予意义，但均与给予有关。例（13）中的"欠"表示应该给予，而例（14）中的"花"表示使其不能拥有。本类型中的受事–拥有者通常是人，但例（11）中的受事–拥有者与其他各例不同，是抽象的物。需要注意的是，例（2）这类小句有两种分析方法。在例（2a）中，"交给"合并在一起，分析为过程；例（2b）中对"交给"进行了进一步分析，"交"是过程，"给"是过程延长成分，联结受事–拥有者。鉴于本章此类小句较多，下文对这类小句的分析只列出第一种分析方法，即将过程与过程延长成分合并分析为过程，不再对其进行拆分。

2.4.7 施事 + 过程 + 受事–拥有物 + 受事–拥有者

此类小句与上节相似，但两个复合参与者角色交换了位置，受事–拥有物置于受事–拥有者之前。出现在此类语义配置结构中的常见动词与上节相似，如下述各例所示：

（1）他 [Ag] 送 [Pro] 书 [Af-Posd] 给 [PrEx] 你 [Af-Posr]、寄 [Pro] 钱 [Af-Posd] 给 [PrEx] 你 [Af-Posr]。

（2）他 [Ag] 真的把 [PrEx] 书 [Af-Posd] 给 [Pro] 了我 [Af-Posr]。

（3）况保华 [Ag] 把 [PrEx] 钱 [Af-Posd] 还给 [Pro] 小伙子 [Af-Posr]。

（4）她 [Ag]甚至把 [PrEx] 自己的钢笔 [Af-Posd] 赠给 [Pro] 了我 [Af-Posr]。

（5）国家 [Ag] 将 [PrEx] 土地使用权 [Af-Posd] 提供给 [Pro] 用地者 [Af-Posr]。

（6）他 [Ag] 把 [PrEx] 位置 [Af-Posd] 让给 [Pro] 了我 [Af-Posr]。

（7）房东 [Ag] 将 [PrEx] 我的行李 [Af-Posd]通通卖给 [Pro] 了收废品的 [Af-Posr]。

（8）他 [Ag] 将 [PrEx] 生命中的半个世纪 [Af-Posd] 贡献给 [Pro] 了那里的医疗事业 [Af-Posr]。

（9）公有企业 [Ag]常常把 [PrEx] 亏损项目 [Af-Posd] 留给 [Pro] 自己 [Af-Posr]。

（10）桌下一只脚 [Ag] 将 [PrEx]什么东西 [Af-Posd] 踢给 [Pro] 了我 [Af-Posr]。

（11）教育 [Ag] 把 [PrEx] 经过"过滤"了的文化 [Af-Posd] 传递给 [Pro] 下一代 [Af-Posr]。

（12）营养不良 [Ag] 同时还会把 [PrEx] 缺陷 [Af-Posd] 传给 [Pro] 下一代 [Af-Posr]。

（13）可以把 [PrEx]你的盔甲、兵器 [Af-Posd] 借给 [Pro] 我的军队 [Af-Posr]。

与上节相同，在上述各例中，施事通过过程使受事-拥有者拥有了受事-拥有物。小句中有时会省略施事，使其变成隐性参与者角色，如例（13）。本类型小句常常通过"把"字句式将受事-拥有物提置于过程之前。

2.4.8　施事＋过程＋受事-载体＋受事-方向

在本小句类型中，施事启动的动作连接了受事-载体与受事-方向，建立起两者间的位置关系。由于过程延伸到后两个参与者角色，因此这两个参与者角色为复合参与者角色：受事-方向和受事-载体。本类型与2.4.2小节所讲的内容十分相似，但最大的不同在于，本过程中的方向受到了过程及过程延长成分的影响，因此是与受事复合的参与者角色；而2.4.2小节中的方向没有受到影响，因此是简单参与者角色。例如，在"他把衣服装满箱子"中，"他"是施事，"衣服"是受事-载体，"箱子"是受事-方向；施事通过过程以及过程延长成分"装满"，不仅改变了受事-载体的状态，使衣服处在箱子中，同时改变了受事-方向的状态，使箱子里盛满了衣服，过程延长成分"满"体现了受事-方向状态的改变。而在"我在桌上放了一本书"中，过程仅仅影响到"一本书"，并没有影响到方向。

表达此类过程的动词不多，小句中往往带有过程延长成分，如"装满"、"灌满"、"涂满"等，如下述各例所示：

（1）全世界的商人 [Ag] 将 [PrEx] 购置的瓷器 [Af-Ca] 装 [Pro] 满 [PrEx] 大船 [Af-Dir: Af-Des]

（2）于是巨河 [Ag] 着手把 [PrEx] 河水 [Af-Ca] 灌 [Pro] 满 [PrEx] 塞尔纳湖 [Af-Dir: Af-Des]。

（3）将 [PrEx] 护手霜 [Af-Ca] 均匀涂 [Pro] 满 [PrEx] 双手 [Af-Dir: Af-Des]。

从上述各例中可以看出，本过程小句中的受事-载体通过"把"字句式被提置到过程之前，强调过程对受事-载体的影响以及动作的结果。此过程类型中的方向通常是目的地。小句中有时会省略施事，使其变成隐性参与者角色，如例（3）。

另外，此类过程还可以表示"瞄准"意义，例如"指向"、"瞄准"等。虽然在表达指向意义时，方向并没有受到实际的影响，但是小句中的过程暗示了方向可能马上受到影响。此类小句中的方向只有目的地，如下述各例所示：

（4）他 [Ag] 把 [PrEx] 矛头 [Af-Ca] 指向 [Pro] 我们 [Af-Dir: Af-Des]。

（5）而沙皇军队 [Ag] 却把 [PrEx] 枪口 [Af-Ca] 对准 [Pro] 他们 [Af-Dir: Af-Des]。

从上述各例中可以看出，小句中的受事–方向可能马上受到攻击。同上文相同，此处小句也通过"把"字句式将受事–载体提置于过程之前，强调动作的结果。

2.4.9　施事＋过程＋受事–方向＋受事–载体

本小句类型与上节相似，但两个复合参与者角色交换了位置，受事–方向置于受事–载体之前。出现在此类语义配置结构中的动词与上节相似，如下述各例所示：

（1）黄盖 [Ag] 在船上 [Af-Dir: Af-Des] 装 [Pro] 满 [PrEx] 了浇上油的干柴 [Af-Ca]。

（2）邢凤翘 [Ag] 把 [PrEx] 带去的天磁矿泉壶 [Af-Dir: Af-Des] 全都灌 [Pro] 满 [PrEx] 水 [Af-Ca]。

（3）将 [PrEx] 23厘米的模具两侧和底部 [Af-Dir: Af-Des] 涂 [Pro] 满 [PrEx] 油脂 [Af-Ca]。

与上节相同，小句中的施事通过过程使受事–载体来到受事–目的地。小句中有时会省略施事，使其变成隐性参与者角色，如例（3）。同上节小句类型相比，本节中的小句类型强调动作的动态过程。在本节的语义配置结构中，方向提置于过程之前。

通过2.4.2至2.4.9小节中的小句可以看出，三参与者角色动作过程小句多使用"把"字句式，以区别不同的参与者角色，避免混淆语义或产生歧义，更有助于读者对小句逻辑含义的理解。"把"字句式也可以调整参与者角色在小句中的顺序，突出参与者角色不同的语义重点（张敬源、王深 2013）。

2.5　使役动作过程

使役动作过程是一种特殊的动作过程类型，该类型动作小句包含三个部分：施事、使役过程以及动作过程小句，动作过程小句由施事通过使役过程启动。也就是说，施事发起一个使役过程，但过程的结果不是由某个参与者角色，而是由一个嵌入的动作过程小句来充当。例如，在"领导派他去南方"这一小句中，施事是"领导"，使役过程由谓体"派"体现，使役过程的结果是"他去南方"这一动作过程小句；在该动作过程小句中，"他"是施事，谓体"去"体现动作过程，"南方"是方向。

小句中的使役过程可以由具有不同使役程度的谓体来体现。最常见的表达使役意义的动词有"使"、"让"、"令"、"派"等。其他动词包括"强迫"、"命令"、"逼迫"、"禁止"、"导致"等使役程度较高的动词，也包括"鼓励"、"号召"、"允许"、"动员"等使役程度较低的动词。

使役动作过程比较复杂，在分析该类型小句时，可以先找出小句中嵌入的动作过程以及过程中的参与者角色，然后再找出使役过程以及使役过程的发起者，即施事。下面将结合例句对本过程类型作进一步说明。

（1）不要让 [Pro] [[他们 [Ag] 跑 [Pro] 了]]!

（2）这种理想精神 [Ag] 鼓励 [Pro] [[我们 [Ag] 努力 [Pro]]]。

（3）阅读科学史 [Ag] 可以使 [Pro] [[人们 [Af] 从功利主义的束缚中解脱 [Pro] 出来 [PrEx]]]。

（4）全球变暖 [Ag] 导致 [Pro] [[海平面 [Af] 上升 [Pro]]]。

（5）甲 [Ag] 教唆 [Pro] [[乙 [Ag] 杀死 [Pro] 藏在草丛中的丙 [Af]]]。

（6）菲能源部 [Ag] 还命令 [Pro] [[所有电力公司 [Ag] 减少 [Pro] 电力输送过程中的损耗 [Af]]]。

（7）况且社会实践的发展 [Ag] 迫使 [Pro] [[数学家 [Ag] 发明 [Pro] 新的方法、思想和原理 [Cre]]]。

（8）它 [Ag] 绝对不可能允许 [Pro] [[自己的演员 [Ag] 在台上唱 [Pro] 四十几段 [Ra]]]。

（9）头儿 [Ag] 让 [Pro] [[我们 [Ag] 连夜赶到 [Pro] 另一个城市 [Dir: Des]]]。

（10）文学 [Ag] 应当号召 [Pro] [[人们 [Ag] 用积极的态度 [Ma] 去对待 [Pro] 生活 [Af]]]。

（11）敌人 [Ag] 强迫 [Pro] [[老乡们 [Ag] 运 [Pro] 粮 [Af-Ca]]]。

（12）这种状况 [Ag] 会导致 [Pro] [[患儿的血液 [Ag] 无法正常输送 [Pro] 营养物质和氧 [Af-Ca]]]。

（13）制定与继承、赠与有关的税收 [Ag]，以防止 [Pro] [[将 [PrEx] 聚敛偏颇的财富 [Af-Posd] 无条件传给 [Pro] 下一代 [Af-Posr]]]。

上述各例中，动作过程作为一个嵌入的事件由施事通过使役过程引起，成为小句过程的结果。被引起的动作过程类型多样，涉及多种参与者角色，可以是单参与者角色动作过程，如例（1）至例（4）；可以是双参与者角色动作过程，如例（5）至例（9）；也可以是三参与者角色动作过程，如例（10）至（13），注意例（11）至例（13）中包含隐性参与者角色。

本过程类型中引起动作过程的施事多为事件，如例（3）、例（4）、例（7）和例（13）；也可以是人，如例（5）、例（9）以及例（11）；也可以是国家或公司等组织，如例（6）；还可以是抽象的物，如例（2）、例（8）、例（10）以及例（12）。

使役过程不仅可以引起动作过程，也可以引起其他类型的过程，如心理过程、关系过程等，我们将在之后的章节中逐一介绍。

2.6 小结

本章论述了汉语及物性系统中的动作过程。动作过程描述了我们对外部世界各种事件和活动的经验意义，包括具体的物质世界经验以及抽象的社会领域经验。根据小句中参与者角色的数量和类型，动作过程可以分成单参与者角色动作过程、双参与者角色动作过程、三参与者角色动作过程以及使役动作过程。在动作过程小句中，施事是最常出现的参与者角色。它不仅可以作为动作过程的启动者，也可以作为使役动作过程的引出者，引出一个事件。除了施事之外，动作过程小句还会涉及受事、创造物、范围、方向、方式以及许多复合参与者角色。汉语动作过程小句较为复杂，很多情况下，小句中某个参与者角色会被省略，成为隐性参与者角色。小句中参与者角色以及过程的位置非常灵活，还可能会出现"把"字句式等复杂句式，因此在分析汉语小句时，不能拘泥于小句的形式，可以先把句式复杂的小句还原成标准的基本小句形式，再进行语义分析，这样便会有一个较为准确的分析结果。下一章我们将描述汉语及物性系统中对内心世界经验意义进行表征的过程类型，即心理过程。

练习

1.请根据例子指出下列每个小句中的动作过程成分（包括过程延长成分）。

例：我只能不断地向前<u>奔跑</u>。

（1）昆虫早在三亿年以前就飞翔在空中了。

（2）王云录不会吹牛。

（3）许多人来找我。

（4）公园里每天早晨都有许多人唱戏。

（5）我们曾路过安徽省淮北平原上的一个村庄。

（6）风将荒漠中的粉沙、尘土搬运到沙漠的边缘。

（7）艺术将现实中无数令人困惑的重要问题揭示给公众。

（8）孙某已把丙烯酰胺晶体生产技术泄露给河南一家公司。

2. 请根据例子指出下列每个小句的过程类型。

例：他一定把土地退还给我们。（三参与者角色动作过程）

（1）义务教育由此而诞生。

（2）我们走到了湖北省黄冈县。

（3）一个教授向学生展示一个不透明的玻璃瓶。

（4）水星的高温使一些低熔点金属熔化。

（5）电影工作者也把镜头对准了改革时代的现实生活。

（6）老乡们待我们很亲热。

（7）眼科集团几年来多次派专家赴包头。

（8）革命仍未成功。

3. 请根据例子画出下列每个小句的语义配置结构。

例：刘至伍 [Ag] 将 [PrEx] 一只空易拉罐 [Af-Dir:Af-Des] 装满 [Pro] 炸药 [Af-Ca]。

（1）整台节目演完了。

（2）老团长命令司机小王摇下车窗。

（3）美国的学者们在 1952 年成立了语言学与心理学委员会。

（4）用冷水灌满了瓶腹。

（5）于是宋老太太的遗体由青岛运到上海。

（6）他们在单位表现得一本正经。

（7）他在锗晶体上放置了一枚固定针和一枚探针。

（8）网络带给老年人又一个春天。

第三章
心理过程

3.1 引言

上一章详细讨论了动作过程，即人们在物质世界中的动作行为。本章将详细讨论另外一种重要的及物性语义关系，即与人们内心世界行为相关的心理过程。心理过程描述的是人们心理活动发生、发展的过程，是人脑对现实的反映。

关于心理过程的分类，学界主要有两种观点，本书将其归纳为"三分法"和"四分法"。三分法的主要代表为Halliday（1994/2000：118），龙日金、彭宣维（2012：248）和Fawcett（2010：88），他们将心理过程分为三个次类，即"情感"（Affection/Emotion）、"感知"（Perception）和"认知"（Cognition）。四分法的代表为Matthiessen（Halliday & Matthiessen 2004/2008）和Martin et al.（2010）。他们认为心理过程应该包括四个次类，即"感知类"（perceptive）、"认知类"（cognitive）、"意愿类"（desiderative）和"情感类"（emotive）。这两种观点的主要区别在于对"意愿"过程的归类。

从心理学的角度来说，"情感是人对客观事物是否满足自己的需要而产生的态度体验"；意向是指人们对待或处理客观事物的活动，表现为人们的欲望、愿望、希望、谋虑等行为反应倾向（林崇德等 2003：1553）。换句话说，情感侧重于对客观事物的评价，而意向侧重于心理过程的实现。例如，当说话人说"我看见他很高兴"时，并不一定表示说话人主观上希望或打算见"他"。此外，从语言描述准确性的角度来说，将"意愿"过程从"情感"过程中分离出来更有利于清楚地呈现心理过程的语言特点，减少意义过渡性和连续性对语义判断的影响。基于上述原因，我们在本书中采取四分法的分类方式，即认为心理过程应该包括四个次类，将"意愿"过程从"情感"过程中分离了出来。我们在Fawcett（2010：89）对心理过程语义分析的基本框架基础上加以修正和补充，得到如图3-1所示的系统网络。

　　心理过程主要涉及两个参与者，一个为参与心理体验的人或者人格化的物，即"感受者"（Senser，此处为所有心理过程参与主体的总称），根据不同类型的心理过程可分别将其称为"情感表现者（Emoter）"、"意愿表现者（Desiderator）"、"感知者（Perceiver）"和"认知者（Cognizant）"；另一个参与者为"现象（Phenomenon）"，即被感知的对象。心理过程最基本的语义配置结构为"感受者+过程+现象"。

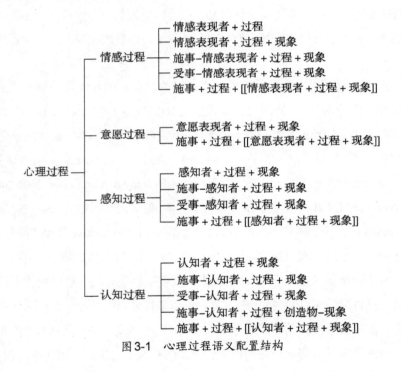

图 3-1　心理过程语义配置结构

3.2　情感过程

　　情感过程描述的是人在认知客观事物时产生的"喜欢"、"讨厌"、"崇拜"、"害怕"等主观体验。一般来说，情感过程涉及两个参与者角色：一个为情感心理体验的参与者，即"情感表现者"，另一个为情感心理体验的感知对象，即"现象"。"情感表现者"通常情况下为人，但也可以是人格化的物。换句话说，"情感表现者"是一个被赋予了意识的参与者角色。"现象"既可以是一个物，也可是一个事件。情感过程通常由"喜欢"、"着迷"、"讨厌"、"害怕"、"担心"、"紧张"、"激动"、"失望"、"灰心"、"舒坦"、"动容"、"不快"等动词或形容词来表达。

这类心理过程主要有五种基本语义配置结构，分别为"情感表现者 + 过程"、"情感表现者 + 过程 + 现象"、"施事–情感表现者 + 过程 + 现象"、"受事–情感表现者 + 过程 + 现象"和"施事 + 过程 + [[情感表现者 + 过程 + 现象]]"。下面各个小节将通过语料库中的相关实例逐个呈现其具体的语义配置结构。

3.2.1　情感表现者 + 过程

这种语义配置结构表达"某人或人格化的物表现出了某种情感状态"的情感过程。这样的小句侧重于描述"情感表现者"的情感状态，并不强调这种情感状态产生的缘由或影响，如果有语境需要，情感状态产生的缘由或影响通常以环境角色的形式出现。在这个过程中只有一个参与者角色，且绝大多数情况下为人，极少数情况下为人格化的物。如下述各例所示：

（1）店员们 [Em] 很开心 [Pro]，聊得很痛快。

（2）看到这些，我 [Em] 心里很难过 [Pro]。

（3）我 [Em] 十分紧张 [Pro]——一直紧张到现在。

（4）年近三十还没有长，他 [Em] 郁闷极 [Pro] 了。

（5）两人 [Em] 听说这次有台词，兴奋异常 [Pro]。

（6）我 [Em] 当时很尴尬 [Pro]，如果有一个地洞我就钻进去好了。

有关上述各例，有一点需要说明：体现过程的语法单位不是动词，而是性质词组，由程度调节词（degree temperer）和中心词（apex）构成，比如例（1）中的"很开心"，"很"为程度调节词，"开心"为中心词。有关性质

69

词组的详细描述，见何伟、高生文等（2015）。

在有些情况下，这类情感过程通过一个表达"体验"意义的"过程"和一个表达情感状态的"过程延长成分"共同体现。此时，"过程"通常由"感到"、"感觉"或"觉得/着"来表示。如下述各例所示：

（7）他说已有一段日子没有见她，故碰面时（他 [Em]）感觉 [Pro] 很开心 [PrEx]。

（8）a. 他 [Em] 为她的遭遇感到 [Pro] 难过 [PrEx]。

　　　b. 他 [Em] 为她的遭遇感 [Pro] 到 [PrEx1] 难过 [PrEx2]。

（9）游客 [Em] 感到 [Pro] 愉快、满足 [PrEx]。

（10）干部群众 [Em] 交了心，都觉着 [Pro] 敞亮 [PrEx]。

（11）我 [Em] 每天都觉着 [Pro] 很幸福 [PrEx]。

（12）想起家人、女儿，我 [Em] 就觉得 [Pro] 快乐 [PrEx]。

这些小句中出现的"感觉"、"感到"、"觉着"等词原本用来表达感知过程，但当它们后面跟随表达情感的"过程延长成分"时，便与其一起描述情感过程。

此处需要注意的是，例（8）中的"感到"本身也是一种"过程 + 过程延长成分"结构，其中情感过程意义由"感"来体现，"到"补充"感"这个心理过程，表达结果意义，如例（8b）所示。但现代汉语习惯将两者合在一起使用，共同表达情感意义，如例（8a）所示。同样的情况还包括"看到"、"听到"、"闻到"、"想到"等。为符合现代汉语的表达习惯，后面出现的过程延长成分"到"将不再进行细分。

3.2.2　情感表现者 + 过程 + 现象

这种语义配置结构是情感过程最常见的体现形式，表达"某人或人格化的物对另外的人、物或事件产生某种感情"。"情感表现者"为人或者人格化的、被赋予意识的物。"现象"可以是人或物，也可以是一个事件。下面是该语义配置结构的实例：

（1）儿童 [Em] 大都<u>喜欢</u> [Pro] <u>鲜艳的色彩和活泼的动画</u> [Ph]。

（2）他 [Em] <u>喜好</u> [Pro] <u>郊游</u> [Ph]，<u>爱</u> [Pro] <u>吃穿</u> [Ph]。

（3）她 [Em] <u>好</u> [Pro] <u>吃</u> [Ph] 懒做，不理家务。

（4）女儿 [Em] <u>喜爱</u> [Pro] <u>多种体育运动</u> [Ph]。

（5）天津九百万人民 [Em] 也非常<u>爱戴</u> [Pro] <u>邓颖超同志</u> [Ph]。

（6）侯老夫妇 [Em] 十分<u>宠爱</u> [Pro] <u>唯一的女儿</u> [Ph]。

（7）我 [Em] 最<u>讨厌</u> [Pro] <u>纠缠不休的男孩子</u> [Ph]。

（8）新疆那广袤的戈壁和善良的人民 [Em] 并没有<u>嫌弃</u> [Pro] <u>这个无家可归的儿子</u> [Ph]。

（9）他 [Em] 极<u>反感</u> [Pro] <u>一切粗劣的东西</u> [Ph]。

（10）她 [Em] <u>痛恨</u> [Pro] <u>自己生在这个阴冷的家庭里</u> [Ph]。

上面这些实例表达的均为"爱憎"类情感，例（1）至例（6）表达的是各种类型的"爱"，例（7）至例（10）表达的为各种形式的"憎"。除此之外，"爱"类相关意义还可由"着迷"、"迷恋"、"依恋"、"留恋"、"恋"、"爱恋"、"爱怜"、"怜爱"、"怜惜"、"可怜"、"怜悯"等动词来表达。"憎"类相关意义还可由"恶"、"憎"、"怨"、"恨"、"恼"、"仇恨"、"仇视"、"腻味"、"腻烦"、"厌恶"、"看不起"、"嫌恶"、"憎恶"、"作呕"等动词来表达。

表达"爱憎"类情感的过程成分中有一些词语常搭配其他成分出现，如"着迷"、"醉心"、"痴情"、"热衷"、"感动"等。这些词汇最常见的用法是作为形容词使用，直接描述某种情感状态。然而，在语言发展过程中，它们逐渐向动词转化。不过，在未真正成为动词之前，它们的语法功能会受到一定的限制，需要借助于介词来体现其涉及另一个参与者的效果。在该次类过程中，如果"现象"位于过程成分之前，常见的辅助成分为引导性介词"为"、"对"、"对于"；如果"现象"位于过程成分之后，常见的辅助成分为引导性介词"于"。也正是基于这种情况，我们认为把引导性介词描述为过程延长成分是有道理的。例如：

（11）起先，<u>索恩</u> [Em] 也是很<u>为</u> [PrEx] <u>自己的这点儿优越感</u> [Ph] <u>自豪</u> [Pro] 的。

（12）<u>人们</u> [Em] 应<u>自豪</u> [Pro]<u>于</u> [PrEx] <u>自己的文化和文明</u> [Ph]。

（13）<u>她</u> [Em] <u>对于</u> [PrEx] <u>古老的中国文化</u> [Ph] 十分<u>着迷</u> [Pro]。

（14）<u>我们</u> [Em] 许多人<u>着迷</u> [Pro] <u>于</u> [PrEx] <u>给事物标名或贴标签</u> [Ph]。

（15）<u>他</u> [Em] <u>痴情</u> [Pro] <u>于</u> [PrEx] <u>木雕这门艺术</u> [Ph]。

（16）一番言谈之后，<u>我们</u> [Em] 更<u>感动</u> [Pro] <u>于</u> [PrEx] <u>他的人生态度</u> [Ph]。

（17）<u>他</u> [Em] 在年青时，<u>醉心</u> [Pro] <u>于</u> [PrEx] <u>研读《说文》</u>[Ph]。

（18）<u>有的企业</u> [Em] 就是<u>热衷</u> [Pro] <u>于</u> [PrEx] <u>与有名气的企业打官司</u> [Ph]，以此来提高知名度。

（19）<u>他们</u> [Em] <u>无意</u> [Pro] <u>于</u> [PrEx] <u>功名富贵</u> [Ph]，而<u>醉心</u> [Pro] <u>于</u> [PrEx] <u>维新变法</u> [Ph]。

以"自豪"、"着迷"、"痴情"和"感动"为关键词在语料库中进行检索发现，当其在该类语义配置结构中作为动词使用时，其后均搭配"于"字；以"醉心"、"垂涎"、"热衷"和"无意"为关键词进行搜索，发现其在该类语义配置结构中作为动词使用时，其后的"于"字可以省去，但此类情况所占比例较少。这说明"自豪"、"着迷"、"痴情"和"感动"的转化程度较浅，还需要辅助成分才能实现动词的作用，而"醉心"、"垂涎"、"热衷"和"无意"的转化程度较深，其语法功能已经接近于动词，在形式上可以独自体现动词的语法意义。基于以上分析，我们认为类似结构中表达"情感"类的形容词其动词化的程度会随着语言的发展变化而进一步加深，最终能够独立实现涉及两个参与者角色的语法功能。

除了上述"爱憎"类情感过程外，其他常见的情感类心理过程还包括"感激"、"理解"、"同情"、"担心"、"满意"、"得意/失望"等。这些类型的实例如下所示：

（20）不知怎的，<u>我</u> [Em] 挺<u>同情</u> [Pro] <u>她</u> [Ph] 的。

（21）<u>你</u> [Em] 是否<u>满意</u> [Pro] <u>广告中对女性的性别再现</u> [Ph]？

（22）<u>当地的居民</u> [Em] <u>对</u> [PrEx] <u>它</u> [Ph] <u>感恩戴德</u> [Pro]，每天都送给它几筐蔬菜吃。

（23）<u>多数人</u> [Em] <u>对于</u> [PrEx] <u>股票的炒作</u> [Ph] <u>既不熟悉又有些害怕</u> [Pro]。

（24）<u>对于</u> [PrEx] <u>这种套近乎</u> [Ph]，<u>工作人员</u> [Em] <u>并不领情</u> [Pro]。

（25）<u>今天我不能把我的货卖给你</u> [Ph]，请<u>老朋友</u> [Em] <u>谅解</u> [Pro] 吧！"

从上述例子中可以看出，"现象"的位置不是固定不变的，它既可以位于"过程"之后，如例（20）和例（21）所示；也可以位于"情感表现者"和"过程"之间，如例（22）和例（23）所示；甚至还可以位于"情感表现者"之前，如例（24）和例（25）所示。

在某些情况下，这类情感过程需要由结合比较紧密的"过程"和"过程延长成分"来共同表达，如下例所示：

（26）<u>姑娘</u> [Em] <u>看</u> [Pro] <u>上</u> [PrEx] 了<u>为人实在、长得英俊又健壮的三爷</u> [Ph]。

例（26）中的"看"本意表达感知过程，但和充当"过程延长成分"的"上"字连用，表达"爱、爱慕、相中"的意思，为情感过程。在分析现代汉语语句时，我们可不对此类的"过程"和"过程延长成分"进行单独分析，而是把它们看作一个整体，直接把它们描述为"过程"。

最后还有一种十分特殊的情感类心理过程需要注意，这类过程的"现象"通常出现在句首，语义配置结构体现为"现象＋情感表现者＋过程"，这种情况通常只出现在"把"字结构中。如在小句"这件事把他吓坏了"中，"这件事"为"现象"，"他"为"情感表现者"，"吓"为"过程"。此时该"把"字句可以改写为"这件事吓坏他了"或者"他被这件事吓坏了"。

3.2.3　施事–情感表现者＋过程＋现象

这一类型的情感过程有一个特殊的复合参与者角色，即"施事–情感表现者"。在这个过程中，"情感表现者"既是心理过程的"感受者"，又是实施心理行为的主体，即"施事"。与上一节所讲的情感过程类型所不同的是，这种语义配置结构下的情感过程成分均为自主性的。例如：

（1）干劲十足的丈夫事业心极重，（他 [Ag-Em]）常常把 [PrEx] 她 [Ph] 冷落 [Pro]。

（2）这种理论 [Ag-Em] 忽视 [Pro] 了各国意志在国际法和国内法制定中的作用 [Ph]。

（3）我国 [Ag-Em] 有一段时间淡漠 [Pro] 了对基础设施和基础产业投资 [Ph]，宏观上造成一定程度的投资结构失调。

（4）他 [Ag-Em] 不能容忍 [Pro] 别人来对他发号施令 [Ph]。

（5）其竞选副手也各显神通，（他们 [Ag-Em]）到处讨好 [Pro] 选民 [Ph]。

在上述例子中，"干劲十足的丈夫"、"这种理论"、"我国"、"他"和"其竞选副手"五个参与者角色都是主动实施"冷落"、"忽视"、"淡漠"、"容忍"和"讨好"心理行为的，因此这五个参与者角色都是复合参与者角色，是施事–情感表现者。

另外，在例（1）和例（5）中，"施事–情感表现者"均没有直接出现在小句中，需要读者通过上下文语境推测出情感过程真正的"施事"和"情感表现者"，见括号内的分析。这种现象出现的原因主要有两点：一方面由于汉语是重意合的语言，句子结构相对松散，另一方面是出于语言经济原则的考虑。情感过程的另外一个参与者——"现象"也经常是隐性的，如下述例子所示：

（6）被人恶意攻击他视若性命的长江工业有限公司，这位性格温和的老板 [Ag-Em] 就再也无法容忍 [Pro]（[Ph]）了。

（7）只要上级机关、群众能想着我们，我们 [Em] 就很感激 [Pro]（[Ph]）了。

3.2.4　受事–情感表现者＋过程＋现象

这是一种相对较为少见的语义配置结构，和3.2.3小节所描述的语义配置结构一样，此类情感过程也含有一个复合参与者角色——"受事–情感表现者"。该参与者角色既是情感过程的"受事"，又是情感过程的"情感表现者"。与普通的情感过程相比，这种情感过程更侧重于表达"情感表现者"

在某种外因的影响下产生了某种心理反应，通常情况下为被动态。如下述各例
所示：

（1）赵红军 [Af-Em] 被 [PrEx] 这突如其来的侮辱 [Ph] 激怒 [Pro] 了。

（2）诚实、憨厚的丈夫 [Af-Em] 被 [PrEx]（[Ph]）感动 [Pro] 了，抱着
　　　妻子失声痛哭。

（3）祖国母亲 [Af-Em] 忍受 [Pro] 了极大的痛苦 [Ph] 来爱我们，爱使她
　　　受难。

在表示被动承受的心理过程时，人们通常将带有主动性意义的成分放
在句首，结构为"某物或某事让某人产生了某种心理活动"。换句话说，例
（1）如用正常的语序表达，应是"这突如其来的侮辱激怒了赵红军"。但在特
定的语境下，人们通常将其主位化，以强调"情感表现者"的"被动"性。

另外，还有一种特殊的"受事–情感表现者"，如下例所示：

（4）你 [Ph] 气 [Pro] 死我 [Af-Em] 了。

在这句话中，"你"是引起"我生气"的原因，也即"现象"。此处需要
注意的是，"我"才是真正的情感过程的体验者，是在"你"的引动下产生
了心理反应，因此是"受事–情感表现者"。这类小句的意义可以还原为"我
被你气死了"或"你把我气死了"。

3.2.5　施事 + 过程 + [[情感表现者 + 过程 + 现象]]

这类语义配置结构本质上是一个使役过程（详见2.5）。该过程描述在一
个外力的作用下，"情感表现者"产生了某种情感心理反应。"情感表现者"
和"现象"与"施事"并不存在直接的关系，而是与"情感过程"一起作为
使役过程的结果，也就是说"情感表现者 + 过程 + 现象"整体的发生是前面
"施事"作用的结果。从句法上来讲，情感过程整体作为一个嵌入小句填充
了使役过程的补语成分。

使役过程的"施事"既可以是物，也可以是事件。使役"过程"本身既
可以以动作过程的形式，也可以以交流过程的形式表现出来。在汉语中，这

些过程通常可以由单个动词如"使"、"让"、"令"、"叫/教"等来表达，在部分情况下可以由"促使"、"告诫"等动词来表达。如下列例子所示：

（1）离得太近了，（这 [Ag]）叫 [Pro] [[人 [Em] 心里不舒服 [Pro]]]。

（2）他跟一个学员谈话，（他 [Ag]）告诫 [Pro] [[他 [Em] 不要骄傲 [Pro]]]。

（3）大地辽阔，（此景 [Ag]）使 [Pro] [[我 [Em] 为 [PrEx] 那无声的画面 [Ph] 感动 [Pro]]]。

（4）5年过去了，他 [Ag-Ph] 没有让 [Pro] [[职工们 [Em] 失望 [Pro]]]。

（5）现在的情况是，产量居世界首位 [Ag-Ph] 令 [Pro] [[我们 [Em] 自豪 [Pro]]]，而生产的无组织现象 [Ag-Ph] 又令 [Pro] [[我们 [Em] 担忧 [Pro]]]。

（6）有的人对暗示便特别敏感。我们 [Ag] 可以轻而易举地使 [Pro] [[这种人 [Em] 对 [PrEx] 什么东西 [Ph] 害怕 [Pro]]]。

（7）在布宜诺斯艾利斯开幕的"中国青铜器展" [Ag] 让 [Pro] [[阿根廷观众 [Em] 沉醉 [Pro] 于 [PrEx] 古老神秘的东方文化之中 [Ph]]]。

（8）拍摄天津 [Ag] 让 [Pro] [[我 [Em] 更加喜欢 [Pro] 这个城市 [Ph]]]。

在上述例子中，例（1）至例（3）的小句中都含有一个隐性"施事"，这是说话者出于语言的经济原则将其省去了。读者根据语境可以推断出真正的"施事"为"离得太近"、"他"和"大地辽阔"。

另外，在例（4）和例（5）中，使役过程的"施事"同时也是情感过程的"现象"。如例（4）中的"他"是"失望"的"现象"，而相关心理过程正好是由该"现象"引起的。同样，例（5）中的"产量居世界首位"既是"施事"，也是"自豪"心理过程的"现象"。这两个小句也可以下述方式表示：

（9）5年过去了，他 [Ag] 没有让 [Pro] [[职工们 [Em] 对 [PrEx] 他 [Ph] 失望 [Pro]]]。

（10）现在的情况是，产量居世界首位 [Ag] 令 [Pro] [[我们 [Em] 为 [PrEx] 其 [Ph] 自豪 [Pro]]]，而生产的无组织现象 [Ag] 又令 [Pro] [[我们 [Em] 为 [PrEx] 其 [Ph] 担忧 [Pro]]]。

3.3　意愿过程

对于意愿过程的分类，学界持有不同的观点。我们在本章引言部分已经提到，Halliday（1994/2000：118），龙日金、彭宣维（2012：248）和Fawcett（2010：88）将其归在情感过程（Affection/Emotion）之中；Matthiessen（Halliday & Matthiessen 2004/2008）和Martin et al.（2010）则认为意愿过程自成一类，不同于情感过程所表达的意义。我们认同后者的处理方法（原因参见3.1），并在此对意愿过程进行详细描述。

意愿过程描述人或人格化的物的心愿、愿望，通常涉及两个参与者角色——"意愿表现者"和"现象"，在个别情况下，还包含一个具有使役意义的"施事"。"意愿表现者"既可以是人，也可以是被赋予了情感和意识的物；"现象"既可以是事物，也可以是情形。意愿过程通常由"希望"、"渴望"、"梦想"、"望"、"盼"、"憧憬"、"指望"、"盼着"、"神往"、"觊觎"等动词来表达。

这类心理过程主要有两种基本语义配置结构，分别为"意愿表现者 + 过程 + 现象"，"施事 + 过程 + [[意愿表现者 + 过程 + 现象]]"。下面各小节将通过语料库实例逐个呈现具体的语义配置形式。

3.3.1　意愿表现者 + 过程 + 现象

这种语义配置结构是最常见的表现意愿过程的结构，表达"某人或人格化的物对他人或物产生某种意愿"。"意愿表现者"为人或者人格化的、被赋予意识的物体。"现象"可以是一个事物，也可以是一种情形。下面是该语义配置结构的实例：

（1）圣人 [Desr] 不只希望 [Pro] 他的人民愚 [Ph]，而且希望 [Pro] 他自己也愚 [Ph]。

（2）社交型的人 [Desr] 渴望 [Pro] 与他人建立密切的联系 [Ph]。

（3）我 [Desr] 曾梦想 [Pro] 成为一名大探险家 [Ph]。

（4）全家 [Desr] 都在盼 [Pro] 二姐回去 [Ph]。

（5）她 [Desr] 盼望 [Pro] 在这烦闷的、下雨的日子能有点浪漫的事情发生 [Ph]。

（6）他们住破屋、穿破衣，（他们 [Desr]）憧憬 [Pro] 着新生活 [Ph]。

（7）我 [Desr] 将长时间地渴望 [Pro] 她 [Ph]，等待她。

（8）绿色 [Desr] 不仅呼唤 [Pro] 着百姓 [Ph]，也在企盼 [Pro] 着党员公仆 [Ph]。

"现象"一般情况下出现在小句句尾，如上述各例所示。但在某些特殊语境下，为了起到突出强调的作用，"现象"可以出现在"意愿表现者"之前，如下面的例（9）和例（10）所示；也可以出现在"意愿表现者"与"过程"之间，如例（11）和例（12）所示。在另外一些情况下，出于语言的经济原则或为了实现某种语言效果，讲话者可以直接省去"现象"，如例（13）所示；甚至可以省去"意愿表现者"，让读者通过上下文语境进行判断，如例（14）所示。

（9）他总有饶恕我的一日 [Ph]，我 [Desr] 老这么盼着 [Pro]。

（10）休闲 [Ph] 人人 [Desr] 向往 [Pro]，但至少现在我不敢言休闲。

（11）我儿时就对父亲很崇拜，（我 [Desr]）对 [PrEx] 警服 [Ph] 很向往 [Pro]。

（12）他们 [Desr] 对 [PrEx] 知识 [Ph] 很渴望 [Pro]！

（13）早晨方醒，听见窗外树上鸟叫，无理由地高兴，（[Desr]）无目的地期待 [Pro]（[Ph]）。

（14）人们追着季节耕耘着，（人们 [Desr]）渴盼 [Pro] 着，（人们 [Desr]）憧憬 [Pro] 着。

下面两例中的过程成分"想"表示"愿意"、"希望"，表达意愿过程。

（15）她 [Desr] 小时候很想 [Pro] 读书 [Ph]，但家里太穷，读不起。

（16）此时她 [Desr] 只想 [Pro] 着走向大海、大海、大海 [Ph]。

意愿过程还可以通过隐喻的方式表达出来，即将相关意愿过程以动作过程、关系过程或存在过程的方式加以描述。例如：

（17）我 [Ag] 产生 [Pro] 了要进一步了解他的愿望 [Cre]。

（18）一个平凡而又神圣的愿望 [Ag] 在她的心里升起 [Pro]。

（19）人 [Posr] 生来就有 [Pro] 求利求乐的欲望 [Posd]。

（20）他 [Posr] 对公司未来始终怀着 [Pro] 无限的希望 [Posd]。

（21）她心里 [Loc] 隐约升起 [Pro] 一个愿望 [Ext]，她要快快长大。

在上述例子中，例（17）和（18）以动作过程的表现形式分别描述了"我想要进一步了解他"和"她希望……"这两个心理过程；例（19）和（20）以关系过程的表现形式分别描述了"人生来追求利和乐"和"他希望公司有个好未来"这两个心理过程；例（21）以存在过程的表现形式描述了"她想快快长大"的心理过程。换句话说，这五个句子在形式上分别为动作过程、关系过程和存在过程，但它们在本质上与心理体验有关。

3.3.2 施事 + 过程 + [[意愿表现者 + 过程 + 现象]]

这类语义配置结构本质上也是使役过程，描述在一个外力的作用下，"意愿表现者"产生了某种意愿心理反应。该过程涉及三个参与者角色："施事"、"意愿表现者"和"现象"。"意愿表现者"和"现象"与"施事"并不存在直接的关系，而是与"意愿过程"一起作为使役过程的结果。从句法上来讲，意愿过程整体作为一个嵌入小句填充了使役过程的补语成分。

使役过程的"施事"既可以是物，也可以是事件。使役"过程"通常以动作过程的形式呈现。在汉语中，这些过程通常由"使"、"让"、"令"、"叫/教"、"促使"等动词来表达。意愿"过程"通常由"希望"、"渴望"、"梦想"、"望"、"盼"、"憧憬"、"指望"、"盼着"、"神往"、"觊觎"等动词来表达。如下列例子所示：

（1）它的无穷魅力 [Ag] 使 [Pro] [[多少人 [Desr] 为 [PrEx] 之 [Ph] 神往 [Pro]]]。

（2）归属动机 [Ag] 促使 [Pro] [[人们 [Desr] 追求 [Pro] 友谊和爱情 [Ph]]]。

（3）这种深藏在意识中的潜在忧虑 [Ag] 使 [Pro] [[人 [Desr] 渴望 [Pro] 亲密的关系永远圆满 [Ph]]]。

（4）自我主义 [Ag] 起初让 [Pro] [[<u>人们</u> [Desr] <u>指望</u> [Pro] 从别人那里得到一种父母般的温情 [Ph]]]。

（5）这些旖旎迷人的风景 [Ag]，更让 [Pro] [[<u>她</u> [Desr] <u>憧憬</u> [Pro] 和<u>向往</u> [Pro]]]。

（6）这番神侃 [Ag] <u>令</u> [Pro] [[<u>在座诸人</u> [Desr] <u>神往</u> [Pro] 不已]]。

（7）<u>最好的作品</u> [Ag] <u>叫</u> [Pro] [[<u>人</u> [Desr] <u>向往</u> [Pro]着<u>最美好的将来</u> [Ph]]]。

（8）各类报刊中的广告常常开出非常诱人的优惠条件，（[Ag]）<u>令</u> [Pro] [[<u>消费者</u> [Desr] <u>垂涎</u> [Pro]]]。

（9）他们之间的关系纯洁而充满爱意，（[Ag]）<u>令</u> [Pro] [[<u>人</u> [Desr] 无限神往 [Pro]]]。

（10）<u>经常远离亲人</u> [Ag] 让 [Pro] [[<u>我</u> [Desr] <u>渴望</u> [Pro] 稳定的生活 [Ph]]]。

在上述例子中，例（1）至例（7）的"施事"均是事物；例（8）和例（9）的"施事"是隐性的，读者可以通过上文得知它们分别为"这些优惠条件"和"他们这种关系"；例（10）的"施事"为情形，在句法上由一个小句体现。

3.4 感知过程

感知是人类通过自己的感官对外部世界的认知与理解，感知过程体现了人对感知世界动作、状态和结果的反应。一般来说，感知过程涉及两个参与者角色：一个为参与感知心理体验的人或人格化的物，即"感知者"，另一个为感知心理体验的对象，即"现象"。"感知者"通常情况下为人，但也可由人格化的物来体现。换句话说，"感知者"是一个被赋予了意识的参与者角色。"现象"既可以是一个事物，也可以是一个事件。能够表达感知过程的动词包括"感到"、"听到"、"听见"、"听出"、"觉得"、"感觉"、"看到"、"看出"、"看见"、"闻到"、"闻见"、"尝到"、"尝出"、"瞧见"、"瞅见"、"望见"、"瞥见"、"窥见"、"见"、"触目"、"目睹"、"目击"、"目见"、"亲见"、"耳闻"、"听闻"、"听说"、"读到"等。这些动词所表达的心理过程均为非自主性的（参见马庆株 1988），是感知者在不受自觉意识控制下所呈现的心理状态。

这类心理过程主要有四种基本语义配置结构，分别为"感知者＋过程＋现象"，"施事–感知者＋过程＋现象"，"受事–感知者＋过程＋现象"和"施事＋过程＋[[感知者＋过程＋现象]]"。下面各个小节通过语料库实例逐个呈现其具体的语义配置形式。

3.4.1 感知者＋过程＋现象

这种语义配置结构是最常见的表现感知过程的结构，表达"某人或人格化的物通过感知器官'看见/到'、'听见/到'、'闻见/到'、'尝到'、'读到'、'感觉到'某物或某事件的发生"。"感知者"通常为人，但也可以是人格化的、被赋予意识的物。"现象"可以是一个事物，也可以是一个事件。下面是该语义配置结构的实例：

（1）他 [Perc] 一眼就看见 [Pro] 了坐在对角点上盯看着他的我 [Ph]。

（2）雷雨过后，我们 [Perc] 能闻到 [Pro] 这种气味 [Ph]。

（3）那天我去应聘，在过天桥时，（我 [Perc]）听见 [Pro] 一个人喊我的名字 [Ph]。

（4）有一次我往观众席里望，（我 [Perc]）瞅见 [Pro] 他坐在旮旯里一张桌子边儿 [Ph]。

（5）他 [Perc] 早就听说 [Pro] 过这位闻名的大数学家 [Ph]。

（6）后来，我 [Perc] 发觉 [Pro] 自己原来不是偶像，我是实力派 [Ph]。

（7）在杭州一家公司，我 [Perc] 意外地遇见 [Pro] 了一位大学同学 [Ph]。

（8）在他家里，我 [Perc] 又一次读到 [Pro] 了这篇文章 [Ph]。

（9）刘去还用手摸了一下墙壁，（他 [Perc]）感觉 [Pro]（墙壁）很润滑 [Ph]。

以上都是这种语义配置结构的典型例子。例（9）中的"感觉"在此处描述了感知过程，但在某些情况下，动词"感觉/感到"和描述心理状态的形容词搭配在一起可以用来描述情感过程。此时"感觉/感到"为情感过程动词。如下述各例所示：

（10）当我在画布上画她的时候，我 [Em] 感觉 [Pro] 很愉快 [PrEx]。

（11）他忽然陷入这样一种莫名其妙的局面里来，（他 [Em]）却并不感觉 [Pro] 害怕 [PrEx]。

（12）人们 [Em] 对 [PrEx] 食盐市场的混乱 [Ph] 感到 [Pro] 担忧 [PrEx]。

在上面这三个例子中，情感过程由"过程"和"过程延长成分"共同表达。其中，"感觉/感到"不能完全描述情感过程，需要"过程延长成分"即"愉快"、"害怕"和"担忧"辅助表达情感过程的具体感受。例（10）和例（11）的"现象"分别为"画她"和"陷入这种莫名其妙的局面"，是隐性参与者角色。

在某些特殊语境下，该语义配置形式的成分和结构都会发生一些改变。"感知者"和"现象"分别可以隐去，如例（13）和例（14）所示；两者甚至可以同时隐去，如例（15）所示；有时为了实现某种话语效果，说话者可以将"现象"放在句首使其主位化，如例（16）所示；或者将"感知者"放在句末，如例（17）所示。

（13）夜里他又醒了几次，（他 [Perc]）听见 [Pro] 了雷声 [Ph]。

（14）我 [Perc] 看见/听见/闻见/尝到/感觉到 [Pro]（[Ph]）了。

（15）（你 [Perc]）看见/听见/闻见/尝到/感觉到 [Pro]（[Ph]）了吗？

（16）这些 [Ph]，她 [Perc] 也都看见/听见/闻见/尝到/感觉到 [Pro] 了。

（17）现在还有这人哪，看见 [Pro] 过吗你们 [Perc]？

和情感过程一样，感知过程在某些情况下也需要通过"过程"和"过程延长成分"来共同描述，"过程延长成分"帮助"过程"表达一个完整的过程意义。此处出现的"过程延长成分"通常为表达趋向性的"趋向延长成分"（参见何伟、杨楠 2014），主要包括"出"、"出来"、"到"等，个别情况下也可以是"在眼里"、"在心里"、"在耳中"等，如下述各例所示：

（18）有一些人 [Perc] 不能尝 [Pro] 出 [PrEx] 食物中的苦味 [Ph]。

（19）人们 [Perc] 从声音中听 [Pro] 出来 [PrEx] 他的感情激昂 [Ph]。

（20）记者感受到满屋荡漾的温情，（记者 [Perc]）也体会 [Pro] 出 [PrEx] 胡妈妈的人生追求 [Ph]。

（21）人用手触摸物体时，（人 [Perc]）能感觉 [Pro] 到 [PrEx] 是冷的、热的、硬的、软的等 [Ph]。

（22）一些人 [Perc] 认 [Pro] 出来 [PrEx] 她是一队老德的嫂子 [Ph]。

（23）记者 [Perc] 留意 [Pro] 到 [PrEx] 夜间还有其他公交车在街头行驶 [Ph]。

（24）农民们 [Perc] 看 [Pro] 在眼里 [PrEx]，急 [Pro] 在心里 [PrEx]。

（25）我 [Perc] 听 [Pro] 在心里 [PrEx]，就萌发了写康熙的念头。

（26）阿紫 [Perc] 听 [Pro] 在耳中 [PrEx]，只有钦佩无已的份儿。

"过程"和"过程延长成分"有时候由其他成分隔开，如下述两例所示：

（27）我 [Perc] 能感觉 [Pro] 得出 [PrEx] 他进店不是想偷什么 [Ph]。

（28）这枪声离得挺远，他 [Perc] 觉 [Pro] 得出来 [PrEx] 听听也不会有什么危险 [Ph]。

3.4.2 施事–感知者 + 过程 + 现象

这种语义配置结构也常用来描述感知心理过程。与3.4.1小节中的过程不同的是，这种感知过程是在感知者有意为之的情况下"看见/到"、"听见/到"、"闻见/到"、"尝到"、"感觉到"某种事物或情形，因此该过程包含一个复合参与者角色——"施事–感知者"。此时"感知者"不仅是感知过程的直接体验者，还是该感知活动的发起者。描述这类过程的动词包括"偷看"、"斜视"、"直视"、"偷听"、"窃听"、"倾听"、"聆听"、"品尝"等。与3.4.1小节所提到的动词相比，这些动词更注重感知过程的自主性和动作性。如下列例子所示：

（1）原来他 [Ag-Perc] 在屋里已经偷看 [Pro] 我 [Ph] 半天了。

（2）我们 [Ag-Perc] 读任何一部古书都应窥探 [Pro] 古人用心之所在 [Ph]。

（3）老人家 [Ag-Perc] 眼光直视 [Pro] 青年们 [Ph]，谆谆地嘱咐说：21世纪靠你们年轻人。

（4）警方 [Ag-Perc] 在追捕过程中窃听 [Pro] 和录制了福田与其亲友总共长达 79 分钟的电话通话 [Ph]。

（5）她还常到学生宿舍走走转转，（她 [Ag-Perc]）倾听 [Pro] 学生们发表的各种见解 [Ph]。

（6）他们 [Ag-Perc] 津津有味地品尝 [Pro] 着那绘有红色火炬的大蛋糕 [Ph]。

例（1）表达了"他偷看我"这样一个过程，此时的"他"不仅"看到了我"，而且是在"故意地、偷偷地"看我，因此"他"不仅是该感知过程的"感知者"，也是该感知过程的"施事"。

由"感觉"表达的感知过程既可以出现在 3.4.1 小节所讲的语义配置结构中，也可以出现在本小节的语义配置结构中。如下列例子所示：

（7）用手触摸物体时，（人们 [Perc]）感觉 [Pro] 到 [PrEx] 是冷的、热的、硬的、软的等 [Ph]。

（8）她非常耐心地一点一点用砂纸打磨着，（她 [Ag-Perc]）不时还用手感觉 [Pro] 一下 [PrEx] 光滑度 [Ph]。

例（7）中的"感觉"为"感知者"在非自主情况下由"触摸"这个动作而产生的感知过程，因此在该语境下，句中"感知者"的施动性较弱，更强调心理上的感知性。而在例（8）这个过程中，从"不时用手"这个环境角色可以推断出"她"是在自我意识的支配下主动做了"感觉"这个动作，同时在这个感知过程中"感受"到"光滑度"这个"现象"，因此该句中的"她"具有"施事"的特点，是一个复合参与者角色。

3.4.3　受事–感知者＋过程＋现象

这种语义配置结构比较特殊，一般表达"某人从某处听到/听说/听见/看

见/看到某事"。与普通"感知者＋过程＋现象"的语义配置结构所不同的
是，此处的感知过程涉及一个复合参与者角色——"受事–感知者"。以下面
两个句子为例：

（1）我 [Perc] 听到 [Pro] 了他们的谈话 [Ph]。

（2）寒假一回家，（我 [Af-Perc]）便从童年伙伴那里听到 [Pro] 了这个
消息 [Ph]。

例（1）可以表达两种潜在的意思，一种是"我偶然间听到了他们的谈
话"，说话者有可能从"他们"旁边经过或就在"他们"旁边时听到了谈话
内容。此时的"我"单纯是一个"感知者"。另一种意思是"我刻意地听他
们的谈话"，此时另外一个人问"我"："你听到他们的谈话了吗？"我回答：
"是的，我听到了他们的谈话。"此时的"我"带有复合参与者角色的特点。
而例（2）表达的意思不同于以上任何一种情形，它暗含的意思为"童年伙
伴告诉了我这个消息"，换句话说，是"我被童年伙伴告知了这个消息"，强
调的是"感知者"的受动性，因此将其定义为"受事–感知者"。更多例子如
下所示：

（3）很多普通听众 [Af-Perc] 是从广播中平生第一次听到 [Pro] 了交响乐
和室内乐的精品 [Ph]。

（4）我们 [Af-Perc] 从电视里看到 [Pro] 北京正在开"两会" [Ph]。

（5）6月初，小林 [Af-Perc] 从报纸上看到 [Pro] 了摄影大赛征稿启事
[Ph]，脑子便动开了。

（6）即使没有到过巴黎，人们 [Af-Perc] 也能从图片上看到 [Pro] 埃菲
尔铁塔 [Ph]。

（7）我们 [Af-Perc] 从这片国土上听到 [Pro]《海华沙之歌》[Ph]。

（8）她 [Af-Perc] 从琴弦上听到 [Pro] 的不是明月清泉，而是泪泉发出的
低泣 [Ph]。

例（3）暗含的意思为，"广播里播放了交响乐和室内乐的精品，因此普
通听众才听到了它们"。很明显，"普通听众"在这里带有"受动"的含义。

同样，在例（4）里，"电视"播放两会现场，是一个主动的角色，而"我们"看到"两会现场"，则带有"受动"的含义。所以"普通听众"和"我们"均为复合的"受事–感知者"。其他例子也均如此。

另外，还有一种经常出现在汉语口语中的、极为特殊的关系小句（详见第四章）也可以表达类似意义，如下述各例所示：

（9）酒过三巡，他醉了，连声叫道："哎呀，可热 [Pro] 死我 [Af-Perc] 了。"

（10）这话把她遗忘的"冷"全部都提醒上来了，说："当然冷——冷 [Pro] 死我 [Af-Perc] 了！"

上述两个例子实际表达的是"我很热/冷"的关系意义。在这类小句中，"我"既是"热/冷"的感知者，但同时也是在非主动的状态下感受到温度的变化，因此在这里是"受事–感知者"。

3.4.4 施事 + 过程 + [[感知者 + 过程 + 现象]]

这类语义配置结构本质上是一个使役过程。该过程描述在一个外力的作用下，"感知者"产生了某种感知心理反应。在这个结构中，"感知者 + 过程 + 现象"整体作为使役过程的一个参与者。"感知者"和"现象"与"施事"之间并不存在直接的关系，而是与"感知过程"一起作为使役过程的结果。从句法上来讲，感知过程整体作为一个嵌入小句填充了使役过程的补语成分。

使役过程的"施事"既可以是物，也可以是事件。使役"过程"本身既可以是动作过程，也可以是交流过程。在汉语中，这些过程通常可以由单个动词如"使"、"让"、"令"、"叫/教"等来体现，在部分情况下可以由"促使"、"告诫"等动词来表达。如下列例子所示：

（1）在此之前，约翰逊 [Ag] 使 [Pro] [[加拿大人 [Perc]甚至不愿意听见 [Pro] 田径这个词 [Ph]]]。

（2）它 [Ag] 使 [Pro] [[我 [Perc] 看见 [Pro] 了一个伟大文明的缩影 [Ph]]]。

（3）<u>一出《茶馆》</u>[Ag] 让 [Pro] [[<u>人</u> [Perc] 目睹 [Pro] 了<u>中国50年的变迁史</u> [Ph]]]。

（4）<u>命运</u> [Ag] 让 [Pro] [[<u>我</u> [Perc] 遇见 [Pro] 了<u>他</u> [Ph]]]。

（5）她一直嚷嚷，（<u>她</u> [Ag]）故意<u>叫</u> [Pro] [[<u>他</u> [Perc] 听见 [Pro]（<u>嚷嚷的话</u> [Ph]）]]。

　　有些情况下，感知过程所感知的对象与致使感知过程发生的"施事"是同一个物体或事件。换句话说，一个物体或事件既充当了使役过程的"施事"，又充当了感知过程的"现象"。如下面两例所示：

（6）然而，<u>不和谐之音</u> [Ag-Ph] 也让 [Pro] [[<u>记者</u> [Perc] 时有耳闻 [Pro]]]。

（7）<u>领导者的一举一动</u> [Ag-Ph] 都会让 [Pro] [[<u>下属</u> [Perc] 看 [Pro] <u>在眼里</u> [PrEx]]]，传播下去。

　　在例（8）中，"觉得火辣辣的"这个感知过程由两部分组成：一部分为感知过程"觉得"，另一部分为感知过程的结果，即"火辣辣的"。此时"火辣辣的"充当"过程延长成分"。（参见何伟、杨楠 2014）。

（8）<u>辣椒</u> [Ag] 让 [Pro] [[<u>我们</u> [Perc] <u>觉得</u> [Pro] <u>"火辣辣"的</u> [PrEx]]]。

3.5　认知过程

　　认知过程描述人类通过形成概念、知觉、判断或想象等心理活动认识世界的过程。一般来说，认知过程涉及两个参与者角色：一个为参与认知心理体验的人，即"认知者"；另一个为认知心理体验的认知对象，即"现象"。"认知者"通常情况下为人，在特殊语境下也可以是人格化的物。换句话说，"认知者"必须是具有思维意识的参与者角色。能够表达认知过程的动词包括"记得"、"认识"、"忘记"、"想念"、"研究"、"考虑"、"决定"、"选择"、"思考"、"感悟"、"意识"、"计划"等。

　　这类心理过程主要有五种基本语义配置结构，分别为"认知者＋过程＋现象"、"施事–认知者＋过程＋现象"、"受事–认知者＋过程＋现象"、"施事–认

知者 + 过程 + 创造物–现象"和"施事 + 过程 + [[认知者 + 过程 + 现象]]"。下面各小节将通过语料库实例逐个呈现其具体的语义配置结构。

3.5.1　认知者 + 过程 + 现象

"认知者 + 过程 + 现象"是最常见的表达认知心理过程的语义配置结构，描述"某人或人格化的物对某物或某事形成了某种认知"，这些认知通常包括对目标对象即"现象"的体验程度、了解程度、认可程度、观点看法等。该语义配置结构中的过程常由"经历"、"感受"、"了解"、"知道"、"认识"、"记得"、"忘记"、"相信"、"赞同"、"反对"、"怀疑"、"认为"等动词来表达。下面是该语义配置结构的具体例子：

（1）人 [Cog] 不仅认识 [Pro] 了世界 [Ph]，而且改造了世界。

（2）有时我还糊里糊涂。我 [Cog] 不记得 [Pro] 这事儿 [Ph]。

（3）你 [Cog] 不会相信 [Pro] 她的话 [Ph]，但是会信任你的朋友。

（4）她 [Cog] 也曾迷惘过，甚至怀疑 [Pro] 过自己的能力 [Ph]。

（5）我 [Cog] 不明白 [Pro] 这个意外为什么会发生在我身上 [Ph]。

（6）你碰到了好老师，以后你 [Cog] 会知道 [Pro]，这是一生的幸事 [Ph]。

（7）我 [Cog] 永远也不会忘记 [Pro] 曾经访问过的一家养老院 [Ph]。

（8）现代化的教育观 [Cog] 认为 [Pro]，教育能生产出人的劳动能力 [Ph]。

（9）人间的许多文明 [Cog] 都曾经历 [Pro] 过历史的大风大浪 [Ph]。

（10）对于《电子报》的良好愿望 [Ph]，我们 [Cog] 完全赞同 [Pro]。

在上述例子中，例（1）至例（4）中的"认知者"均为具有思维意识的人，"现象"均为物，这是较为普遍的用法；在例（5）至例（8）中，"现象"均为事件。例（8）和例（9）中"认知者"均为人格化的抽象概念，即被赋予了人的意识的物。

上述例句中的"现象"和"认知者"是分离的，而在下面的例子中，"现象"和"认知者"相重合，例如：

（11）他们 [Cog-Ph] 在省里本已认识 [Pro]。

（12）两个人交手了十几次，（两人）互相 [Cog-Ph] 非常了解 [Pro]。

（13）他们彼此 [Cog-Ph] 信任 [Pro]，逐渐建立了一种真诚的友谊。

在某些特殊语境下，表达行为过程的动词也可用来表示认知意义，如在"我看他是认真的"这句话中，"看"已经不再是一种行为上的"看"，而是表达"在我看来"的意义，相当于"认为"、"感觉"等动词的作用，体现认知过程。

3.5.2　施事–认知者 + 过程 + 现象

该语义配置结构中的参与者角色与上一个语义配置结构相比更为复杂。在这类小句中，复合参与者角色"施事–认知者"代表的含义为"某人自主地产生出某种认知心理过程"，侧重强调"认知者"作为认知心理过程的主体性。体现这种认知过程的动词通常包括"思考"、"盘算"、"研究"、"考虑"、"选择"、"决定"、"判断"、"推断"、"猜想"等，如下述各例所示：

（1）他 [Ag-Cog] 研究 [Pro] 了发酵过程 [Ph]，证明发酵是微生物活动的结果。

（2）我 [Ag-Cog] 在读武侠时总在思考 [Pro] 武侠中的经济学含义 [Ph]。

（3）历史学 [Ag-Cog] 不能单纯考虑 [Pro] 物质方面 [Ph]，也不能单纯考虑 [Pro] 精神方面 [Ph]。

（4）在计算机辅助教学中，学习者 [Ag-Cog] 要不要自己选择 [Pro] 学习策略 [Ph]？

（5）学生们 [Ag-Cog] 开始上选修课，深入钻研 [Pro] 自己的专业领域 [Ph]。

（6）我 [Ag-Cog] 心里在盘算 [Pro] 用什么办法来收拾他们 [Ph]。

（7）二伯父 [Ag-Cog] 决定 [Pro] 让侄子进新式学堂 [Ph]。

（8）老师 [Ag-Cog] 敏感地抓住 [Pro] 了她的心理变化 [Ph]。

从上面这些例子可以看出，这些认知过程具有明显的主动性，是"认知者"自主把控的一种心理过程。这种带有动作意义的认知过程在某种程度上与动作过程相似，通常伴随着某种与"现象"相关的结果。例如，在例（1）中，当读者读到"施事–认知者"对"发酵过程"进行了"研究"这一认知过程之后，通常会期待某种"研究结果"。同样，例（2）中的"思考"过程通常伴随着某种对"武侠中的经济学含义"的"思考结果"。例（8）中的"抓住"一词本身表达动作过程，但在该语境下经隐喻转化后表达一种心理认知的过程。

3.5.3　受事–认知者＋过程＋现象

这种语义配置结构相对较为少见，主要描述"认知者在外力的作用下产生某种认知体验"的意义。"认知者"通过这个过程产生了某种"从无到有"的认知，因此同时也是认知过程的"受事"。这类过程通常由"意识到"、"领悟"、"领会"和"觉悟"等动词体现。如下述各例所示：

（1）他们 [Af-Cog] 当时太小，还不能完全领会 [Pro] 其中的意义 [Ph]。

（2）就在那一瞬间，我 [Af-Cog] 第一次领悟 [Pro] 了爱的崇高，爱的脆弱 [Ph]。

（3）读过后，我热泪纵横，我 [Af-Cog] 觉悟 [Pro] 到 [PrEx]，自卑与消沉，使我软弱不堪 [Ph]。

（4）我 [Af-Cog] 突然意识 [Pro] 到 [PrEx]，春天就这样悄无声息地来临了 [Ph]。

（5）在转变对自然的态度中，作者 [Af-Cog] 悟 [Pro] 出 [PrEx] 了一条改善人们自身的路 [Ph]。

从上面的例子可以看出，"受事–认知者"与"认知者"不同的地方在于"受事–认知者"的认知行为并不是发于自身，而是受所处情景的激发而得到的某种认知，强调意识的"从无到有"。例如在例（5）中，"作者"原本没有"一条改善人们自身的路"这个意识，在经过一定的心理过程之后在"作者"脑中形成了一种认知，因此"作者"在这里是一种"受事"。

另外有一种较为特殊的结构既包含"受事–认知者"，又包含"认知者"。通常情况下此"受事–认知者"表达自反意义。这种结构一般由"把"字句体现。如在"卡雷尔把自己看成是烦恼的根源"这句话中（参见张敬源、王深 2013），"卡雷尔"为"认知者"，"自己"为"受事–认知者"，"看成"为"过程"，"烦恼的根源"为"现象"。这种结构极为少见，因此不再单独论述。

3.5.4　施事–认知者 + 过程 + 创造物–现象

这种语义配置结构与 3.5.2 小节中所提到的略有不同，此处有一个复合参与者角色"创造物–现象"。3.5.2 小节中的"现象"是已经存在的物体或事件，而在本小节探讨的认知过程中，"现象"不仅是"认知者"关注的对象，更是"认知者"认知体验后的产物，因此它还是"创造物"。下面通过实例进行说明。

（1）他们 [Ag-Cog] 精心构思 [Pro] 了实施兼并的方案和办法 [Cre-Ph]。

（2）在思考的过程中，我 [Ag-Cog] 酝酿 [Pro] 了一首激励自己的小诗 [Cre-Ph]。

（3）两人 [Ag-Cog] 合计 [Pro] 共同前往法院致谢法官 [Cre-Ph]。

（4）我 [Ag-Cog] 计划 [Pro] 去找一份工作，找一个好女人与我共度余生 [Cre-Ph]。

（5）我 [Ag-Cog] 一直在内心盘算 [Pro] 离开他的计划 [Cre-Ph]。

在例（1）中，"他们"作为"施事–认知者"，经过"构思"这个认知体验，得到了"实施兼并的方案和办法"这个结果。同时，"他们"在经历"构思"这个过程时，其认知对象也是"实施兼并的方案和办法"。换句话说，"现象"在这种类型的认知过程中经历了"从无到有"的过程。其余各例均是如此。

另外，还有一些动词在描述认知过程时与特定的"过程延长成分"搭配使用，也可以实现相同的语义效果。如下述各例所示：

（6）孙将军 [Ag-Cog] 长年坚持走路，居然琢磨 [Pro] 出 [PrEx] 一套健身理论 [Cre-Ph]。

（7）她和她的儿子 [Ag-Cog] 一定会寻摸 [Pro] 到 [PrEx] 一条出路 [Cre-Ph] 的。

（8）经理 [Ag-Cog] 苦思冥想，终于想 [Pro] 出 [PrEx] 了一条妙计 [Cre-Ph]。

在上面的例子中，"出"和"到"均为表达结果意义的"过程延长成分"，它们的存在使"琢磨"、"寻摸"和"想"这三个动词所表达的延续性意义终止，使"现象"这个语义角色具有了生成性的意义。

3.5.5　施事＋过程＋[[认知者＋过程＋现象]]

这种语义配置结构描述的是在使役过程作用下的认知过程，也就是说，在一个外力的作用下，"认知者"对某种"现象"产生了认知心理体验。在这个结构中，"认知者＋过程＋现象"整体作为使役过程的一个参与者，表达使役过程所产生的结果。使役过程的"施事"既可以是物，也可以是事件，使役过程本身既可以是动作过程，也可以是交流过程，同时还可以是一个心理过程。在现代汉语中，这些过程通常由"让"、"使"、"令"、"叫/教"、"迫使"、"要求"、"告诫"、"指望"等动词来体现。如下述各例所示：

（1）失败和挫折 [Ag] 会让 [Pro] [[我 [Cog] 怀疑 [Pro] 自己的能力 [Ph]]]。

（2）希望工程的实施 [Ag]，更使 [Pro] [[老百姓 [Cog] 认识 [Pro] 了教育 [Ph]]]。

（3）如此一个混乱的场景 [Ag]，令 [Pro] [[人 [Cog] 怀疑 [Pro] 这究竟是不是在打比赛 [Ph]]]。

（4）这 [Ag] 倒真不能不叫 [Pro] [[人 [Cog] 怀疑 [Pro] 他们会不会都是同伙了 [Ph]]]。

（5）我们 [Ag] 常常迫使 [Pro] [[他人 [Cog] 赞同 [Pro] 我们的观点 [Ph]]]。

（6）故事的结尾是开放的，（[Ag]）要求 [Pro] [[儿童 [Ag-Cog] 想 [Pro] 出 [PrEx] 一些可能的故事结尾 [Cre-Ph]]]。

（7）他 [Ag] 告诫 [Pro] [[子女 [Cog] 不要忘记 [Pro] 自己是中国人 [Ph]]]。

（8）活着的人 [Ag] 就好好地活着吧，不要总指望 [Pro] [[别人 [Cog] 会把 [PrEx] 你 [Ph] 记住 [Pro]]]。

3.6 小结

本章详细介绍了人们如何通过选择不同的语言结构表达内心经验。用 Halliday（2008：197）的话来说，心理过程描述了在我们的意识中发生的一系列的变化活动。

汉语及物性系统中的心理过程共包含四种类型：情感过程、意愿过程、感知过程和认知过程。他们的语义配置结构各不相同。心理过程的两大主要参与者角色为"感受者"和"现象"。对于这四类心理过程，其"感受者"被分别细化为"情感表现者"、"意愿表现者"、"感知者"和"认知者"。

本章还对各类心理过程的语义配置结构进行了详细的分析。总的来说，这些过程通常涉及"情感表现者"、"意愿表现者"、"感知者"、"认知者"、"现象"等简单参与者角色，有些情况下还包含具有施事意义的参与者角色和具有受事意义的参与者角色等。这些心理过程通常由"过程"成分来描述，个别情况下需要与"过程延长成分"一起来描述。从本章列举的实例中可以看出，"感受者"不仅限于人，它们可以是任何被人为赋予了意识的物体。"现象"可以是人或物，也可以是事件。

尽管这四个小类似乎对心理过程进行了明确的分类，但有必要指出的是，它们彼此之间仍然有一定的重合、交叠现象。在具体分析的过程中，还需要依靠一定的语境进行判断。

练习

1.请根据例子指出下列每个小句中的"过程"成分（包括过程延长成分）。

例：我喜欢这孩子懂事。

（1）此时此刻，她激动不已。

（2）他对股票特别着迷。

（3）离得太近叫人很紧张。

（4）她很想去看一看。

（5）这个场景让我感觉很亲切。

（6）我刚刚酝酿了一下情绪。

（7）他的表情让人不禁怀疑他说的话的真实性。

2.请根据例子指出下列每个小句的心理过程类型。

　　例：我们为他们的不幸感到难过。（情感过程）

（1）我不能容忍这种事情。

（2）你气死我了。

（3）他们憧憬着拥有新的开始。

（4）这一件件事，老人们都看在眼里。

（5）记者听到了一个"英雄断臂"的故事。

（6）我静静地听着，盘算着如何答复他。

（7）他打算等到天亮再出发。

（8）这件事使我真正地认识到，一个人最大的敌人就是自己。

3.请根据例子画出下列每个小句的语义配置结构。

　　例：你 [Ag] 让 [Pro] [[我 [Em] 尴尬 [Pro]极了]]。

（1）我今天特别兴奋。

（2）唱歌让我感觉特别兴奋。

（3）她渴望和一个人携手共度此生。

（4）大家特地品尝了天津当地的风味小吃。

（5）我曾从电视里看到过有关艾滋病的报道。

（6）我要用三年时间好好研究一下这个课题。

（7）你最好别让我怀疑你。

第四章
关系过程

4.1 引言

　　动作过程描述我们在物质世界中的经历，心理过程描述我们内心世界的活动。这两种经历都可以通过关系过程来体现。关系过程反映的是两个事物之间的逻辑关系，是关于"什么是什么、像什么、在哪、拥有什么、与什么相关"的一个过程类型。需要注意的是，本书提到的体现关系过程的关系小句有别于传统语法中的关系小句，传统语法中的关系小句指的是在小句中充当定语的小句，关系小句和被修饰的中心词之间有一个"的"字。

　　动作过程中可以有一个、两个甚至三个参与者角色，但在关系过程（relational process）中，一般有两个参与者角色，即"某物被看作'是'另一物。换句话说，某种关系在两个互相独立的实体之间建立起来"（Halliday 1994/2000：119）。

　　Halliday（1994/2000；Halliday & Matthiessen 2004/2008，2014）在对英语关系过程进行划分时，提出了"三个类型"（内包型、环境型和所有型）与"两种模式"（归属式与识别式），两种模式在三大类型下运行。如果把三类和两式相互交叉组合，就形成六种主要的关系过程。在这些关系过程中，内包型占主导地位，描述实体的特征，其典型结构为"A是B"；环境型描述实体所处的时间、地点、方位等，其典型结构为"A在B的位置"；所有型描述两个实体之间的所属关系，其典型结构为"A拥有B"。Halliday对英语关系过程主要类型的描述见下页表4-1。

表 4-1　关系过程主要类型（Halliday1994/2000：119；Halliday & Matthiessen 2004/2008：216，2014：265）

模式 类型	归属式 （attributive）	识别式 （identifying）
内包型（intensive）	Sarah is wise.	Tom is the leader. The leader is Tom.
环境型（circumstantial）	The fair is on a Tuesday.	Tomorrow is the 10th. The 10th is tomorrow.
所有型（possessive）	Peter has a piano.	The piano is Peter's. Peter's is the piano.

　　其他学者对英语关系过程的划分不尽相同。例如，有些学者将关系过程划分为两个主要类型（归属型和识别型）与三种主要模式（内包式、环境式、所有式），如胡壮麟等（2005：79）、Thompson（2004/2008：96）和Eggins（2004：239）。有些学者将关系过程划分为三类：归属过程、识别过程和拥有过程（Lock 1996：126）。Fawcett认为Halliday的三类、两式过于复杂，先将关系过程划分为归属过程、位置过程、方向过程和拥有过程四大类（1987），后又增添了匹配过程（2010：65）。Fawcett（1987）和Eggins（2004）还提出了使役关系过程。这些有关英语关系过程的论断对汉语关系过程的具体分类具有一定的借鉴意义。例如，龙日金、彭宣维（2012：14-16）将汉语的关系过程划分为两大类——识别类和归属类，然后在这两类下阐述"内包"、"环境"、"所有"这三种类型。

　　为了提供一个简明、全面、易懂的关系过程类型，本书将汉语关系过程分为六类：归属过程、识别过程、位置过程、方向过程、拥有过程和关联过程。下文将对每个过程进行详述，每个过程的最后一类均为使役过程。使役过程并不是一种单独的过程类型，而是穿插在各种过程之中，不仅可以表达动作过程和心理过程，也可以存在于关系过程之中，表示一个实体引起另一实体发生了属性、领属、性状、方位等方面的变化，产生了某种倾向或结果。

　　英语中关系过程是最复杂、最重要的一个过程类型，汉语中亦是如此。

　　下页图4-1为本书关于汉语关系过程中主要语义配置结构的图示。

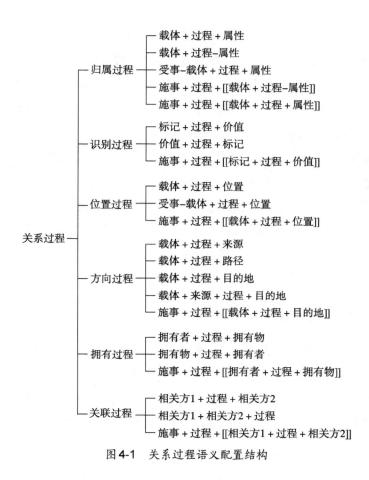

图4-1 关系过程语义配置结构

4.2 归属过程

归属过程描述的是某个实体为某个群体的一员或负载着某种特征。这个实体可以为人、物、情形等，称为载体（Carrier）。实体所具有的特点或特征称为属性（Attribute）。属性是对实体的具体描述。任何一个实体总有许多特征，这些特征构成了它的属性。实体都是有属性的实体，属性也都是实体的属性。而且，一个实体与另一个实体总有一些相同或相异之处，这些相同或相异造就了客观世界中不同的实体种类。具有相同属性的实体就形成一类，具有不同属性的实体就形成不同的类别。

97

在归属过程中，属性也被看作具有一定特征的参与者角色。但需要注意的是，从严格意义上讲，与其他过程类型中的过程和参与者角色相比，归属过程中的过程并不是典型意义上的过程，属性也不是典型意义上的参与者角色。这是因为，在这一过程类型中，表达过程成分的谓体的功能往往是将实体与其特征连接起来，表示判断、搭配等，而属性实际上也并不参与过程的实施。但是，为了对及物性系统有一个统一的、一致性的描述，我们也像Halliday一样，把汉语小句中的属性看作参与者角色。龙日金、彭宣维（2012：10）在谈到汉语的归属过程和物质过程（这里的物质过程基本对应我们的动作过程）的几个差异时，也提到物质过程描述的是一个事件或动作，而归属过程描述的是参与者具备某个特定属性。在归属过程小句中，载体和属性的位置一般不可调换。

4.2.1 载体+过程+属性

这种语义配置结构是最常见、最典型的一种归属过程类型，表达"某物是什么"或"某物具有什么特点"等语义。载体一般为人、物、情形等，属性具体陈述载体的特征。过程的主要作用是架起载体和属性之间的桥梁，其实际语义并不十分突出。汉语体现归属关系过程的典型动词一般为"是"。

（1）他 [Ca] 是 [Pro] 一位平凡而普通的人 [At]。

（2）他的大伯父 [Ca] 是 [Pro] 个抽鸦片的瘾君子 [At]。

（3）科学的道路 [Ca] 从来不是 [Pro] 笔直的 [At]。

（4）遗传决定论的观点 [Ca] 固然是 [Pro] 错误的 [At]。

上述例句的载体或表示人或表示物，作为被陈述的对象，能回答"是什么"或者"是谁"等问题。例如，针对例（1）可以提问"谁是一位平凡而普通的人？"；针对例（3）可以提问"什么不是笔直的？"。例（1）和（2）的载体为人，属性表示一类人，是对载体特征的定性。例（1）中，"他"是"平凡而普通的人"这个类别中的一分子，这个成员身份也是"他"的一种特点；例（2）中，"抽鸦片的瘾君子"是一类人，"他的大伯父"是其中的一员，或者说，"他的大伯父"作为一个具体的人，可能有众多特点，而

"抽鸦片的瘾君子"是其众多特点之一。所以，这两例中载体和属性在语义上是成员与类别的关系。例（3）和例（4）的载体为抽象意义上的物，属性是对这个物的特征、本质特点的描述。这四个例句的过程成分均为"是"，表示判断、确认等语义。

载体的长、宽、高、重量、深度、厚度等特征也可以作为归属过程中载体的一个属性，一般由静态动词（static verb）或性质词组表达，例如：

（5）人数 [Ca] 达 [Pro] 3 万 [At]。

（6）勤工俭学的收入 [Ca] 占 [Pro] 3% [At]。

（7）这里最大的蓝宝石晶体 [Ca] 重 [Pro] 19 千克 [At]。

例（5）、例（6）中，过程成分"达"、"占"不像动作过程中的过程成分一样，会对其他实体产生影响，这里的过程成分只描述载体的状态，表示其接近、占比方面的程度意义；属性则对载体某个方面的程度进行描述，这两例中具体指人数和金钱数量。例（7）中，过程成分"重"本身就表示重量，而属性也是对重量具体额度的描述。从这组例句中我们可以看出，这些过程成分均可用表达确认、判断关系的"是"来替代，原过程成分的实际语义并不十分重要。也就是说，在此类语义配置结构中的过程成分，其主要作用是搭起载体和属性之间的桥梁。

4.2.2 载体 + 过程 – 属性

在此类关系过程的语义配置结构中，载体同样可以为人、物或情形，属性描述载体所具有的某种特点、品质、特征等。载体和属性之间是一种"话题 – 说明"的关系。因为汉语中的过程不一定由动词短语体现，性质词组、名词词组、数量词组、介词短语等也可以表达过程意义，所以在这些单位填充谓体的情况下，从语义角度讲，它们一方面体现小句的过程成分，另一方面也描述了载体的特征，过程成分和属性之间重合。

（1）有的人 [Ca] 聪明 [Pro-At]，有的人 [Ca] 愚笨 [Pro-At]。

（2）年画娃娃 [Ca] 白白胖胖的 [Pro-At]。

（3）<u>你的病</u> [Ca] <u>好像很严重</u> [Pro-At]。

（4）<u>校园校舍里</u> [Ca] <u>静悄悄的</u> [Pro-At]。

（5）<u>他</u> [Ca] <u>渴死</u> [Pro-At] 了。

（6）<u>这孩儿</u> [Ca] <u>好记性</u> [Pro-At]。

（7）<u>我</u> [Ca] <u>东北人</u> [Pro-At]。

（8）<u>水的沸点</u> [Ca] <u>100 度</u> [Pro-At]。

（9）<u>日均气温</u> [Ca] <u>30 度</u> [Pro-At]。

（10）<u>绝壁平均坡度</u> [Ca] <u>95 度</u> [Pro-At]。

（11）<u>这车时速</u> [Ca] <u>80 公里</u> [Pro-At]。

上述例句中，载体或为人，或为物。前四例中，属性描述载体静态的或动态的特征。其中，"聪明"、"愚笨"、"白白胖胖"、"严重"为载体静态的特征，而例（4）中的"静悄悄"描述载体当时的情况，这种暂时的状态可能很快会消失，因而描述的是载体的动态特征。例（5）中，如果小句描述"他"口渴的程度，那么"渴"是他目前的生理状态，"死"修饰"渴"，说明"渴"的程度，"渴"和"死"组成一个性质词组来体现过程和属性意义；但如果描述"他"为何而死，则此小句为动作过程，"死"为过程成分，"渴"则描述死因，不是一个参与者角色。所以，对一个小句过程类型的判定，时常需要考虑其所在的语境。例（6）和例（7）中，过程兼属性描述了载体的特点、籍贯，二者均由名词词组体现。例（8）到例（11）中，过程兼属性描述了载体的温度、热度、坡度、速度等。此外，重量、高度、视力等也可以表示载体的属性，它们基本也都由名词词组直接体现。

上述例句的载体和属性之间也可以理解为有一个隐性的表示确认或判断意义的过程成分"是"，但因这个过程成分在小句中没有太大实际意义，所以在归一度为肯定的情况下，"是"往往不出现，其后的属性便递进填补空位，同时肩负了过程功能，出现了过程成分与属性重合的现象。此处，需要说明的一点是，在类似语言现象中，隐性的"是"不能被简单理解为省略现象，这是因为汉语本属意合语言，具有喜短不喜长的特点。这也是我们将"属性"看作"过程"的重合体的原因。

此类小句中，载体和属性还可以用来描述以下情形，例如：

（12）a. <u>孩子们</u> [Ca] <u>身体健康</u> [Pro-At]。

　　　b. <u>孩子们身体</u> [Ca] <u>健康</u> [Pro-At]。

（13）a. <u>我</u> [Ca] <u>胳膊疼</u> [Pro-At]。

　　　b. <u>我胳膊</u> [Ca] <u>疼</u> [Pro-At]。

（14）a. <u>他</u> [Ca] <u>待人厚道</u> [Pro-At]。

　　　b. <u>他待人</u> [Ca] <u>厚道</u> [Pro-At]。

这三组例句均有两种分析方法。以例（12）为例，例（12a）中的"孩子们"相对于后面的"身体健康"而言，是小句描述的对象，是一个表达整体意义的实体，是载体。"身体健康"描述了载体某个方面的状态，是属性。而体现这个属性的"身体健康"，其中的"身体"和"健康"之间又具有载体和属性的关系，实际描述的是一种情形；例（12b）中的"孩子们身体"暗含整体和部分的关系，是"健康"描述的对象，所以是整个小句的载体。传统语法中将这类小句称为双主语结构，即"孩子们"为大主语，"身体"为小主语（邢福义2002：27；刘月华等2001：664-665）。我们在这两种分析中，虽然都将属性与过程视为重合，但这两类小句表达的语义侧重点有所不同。汉语中说话人选来作主语的是他最感兴趣的话题，谓体则用于对选定的话题作陈述。所以，第一组语义侧重于对这个实体的整体特征进行描述，而第二组语义则侧重于对这个整体中某个个体部分的特征进行描述。

例（14a）中，"待人厚道"描述实体"他"的特点，作"他"的属性，而"待人厚道"本身的内部结构又表达了载体和属性之间的关系。例（14b）中，"待人"表达一种动作行为，具有过程意义，"他待人"描述的是一种情形，"厚道"是对这种行为的一种评价和补充说明。这里要与动作过程注意区分。第二章曾经举过这样一个例子：<u>班里一位女生</u> [Ag] <u>待</u> [Pro] <u>她</u> [Af] <u>如亲姐妹</u> [Ma]。此句具体描述"班里一位女生"如何对待"她"，侧重于描述这位女生的动态行为，而例（14）的两个小句均描述的是"他"一直以来稳定的特点和为人处世的方式，而不是"他"具体针对某人做了某事。

4.2.3　受事－载体＋过程＋属性

在这种语义配置结构中，实体一方面受到了过程的影响，成为受事；另一方面，在过程的影响下，又呈现出某种属性，成为载体。表达这种过程的典型动词有"成为"、"变成"、"形成"等"变成类动词"（龙日金、彭宣维2012：220）。

（1）他 [Af-Ca] 累 [Pro] 得 [PrEx] 病 [At] 了。

（2）它的叶儿 [Af-Ca] 也开始变 [Pro] 红 [At] 了。

（3）这个问题 [Af-Ca] 变 [Pro] 得 [PrEx] 格外麻烦 [At]。

（4）生活 [Af-Ca] 变 [Pro] 得 [PrEx] 方便、丰富多 [At] 了。

（5）她 [Af-Ca] 已长 [Pro] 成 [PrEx] 了大姑娘 [At] 了。

（6）现代社会 [Af-Ca] 已成 [Pro] 为 [PrEx] 科学、技术、管理三者不可分离的整体 [At]。

（7）黄金储备 [Af-Ca] 基本保持 [Pro] 稳定 [At]。

（8）他两眼矫正视力 [Af-Ca] 减退 [Pro] 至 [PrEx] 0.7 以下 [At]。

上述例子中，过程并不是参与者角色自发的、有意识的主动行为。例（1）和例（2）中，"他"和"它的叶儿"作为参与者角色，一方面受到"累"和"变"这些过程成分的影响，出现了某种变化，成为受事；另一方面，在"累"和"变"这些过程成分的影响下，又逐渐呈现出新的特征，即"病"了和"红"了。例（3）和例（4）中，"变"在"得"的帮助下，才变成一个期待另一个参与者角色的过程成分。何伟、杨楠（2014）把"得"描述为句法上的"引出语"（Deriver）成分，这也不失为一种比较合理的处理方式。不过鉴于其在语义配置结构中的功能，我们还是把它看成过程延长成分更为合适，从而在句法层次上将其视为谓体延长成分。"变得"是一种动态的过程，随着这个过程的向前推进，"这个问题"和"生活"必然受到影响，产生一定的结果。"格外麻烦"、"方便、丰富多"是新出现的特征，即属性。同理，例（5）中的"长"为过程成分，"成"为过程延长成分，"她"随着整个过程"长成"的影响，目前体现的状态就是成为了一个"大姑娘"；

例（6）中的"成"为过程成分，"为"为过程延长成分。这里我们想要说明的一点是，因为现代汉语中一般常用双音节词，而较少使用单音节词，所以我们在后面的分析中，如遇到类似的一个单字表示过程再加一个单字表示过程延长成分的情况，将统一把它们标示为过程，而不再对二者进行细分。比如，当再遇到类似例（1）中的"累得"和例（3）至（6）中的"变得"、"长成"和"成为"时，我们将统一把它们描述为"过程"。例（7）中，"黄金储备"在"保持"这个过程成分的影响下，一直维持"稳定"的状态，"稳定"是"黄金储备"目前的属性。例（8）中，"他两眼矫正视力"并不是主动积极地作出"减退"这个动作，而是受到了"减退"的影响，呈现的结果是视力在"0.7 以下"。

4.2.4 施事＋过程＋[[载体＋过程–属性]]（或[[载体＋过程＋属性]]）

在这种使役小句中，通过一个施事的作用与影响，另一个参与者角色呈现出某种属性或保持某种状态，这个参与者角色的一系列反应为施事使役的结果。所以，这个参与者角色既是使役过程成分的受事，又是属性的描述对象。在此使役过程的内嵌过程中，过程成分既可以与属性重合，也可以与属性互相独立。使役意义主要由使令动词体现，如"使"、"给"、"叫"、"让"、"令"、"要"、"请"、"劝"、"催"、"命令"等，如下述各例所示：

（1）他 [Ag] 劝 [Pro] [[我们 [Ca] 别太认真 [Pro-At]]] 了。

（2）女儿学校组织的庆典 [Ag] 令 [Pro] [[我 [Ca] 耳目一新 [Pro-At]]]。

（3）这件事 [Ag] 简直令 [Pro] [[我 [Ca] 哭笑不得 [Pro-At]]]。

（4）他对中国经济和世界经济的精辟论述 [Ag]，常常令 [Pro] [[我 [Ca] 瞠目结舌 [Pro-At]]]。

（5）率性 [Ag] 让 [Pro] [[我们 [Ca] 成为 [Pro] 生活的主人 [At]]]。

（6）教育 [Ag] 使 [Pro] [[儿童 [Ca] 成为 [Pro] 具有多方面兴趣爱好的人 [At]]]。

在上述例句中，施事为人、物等，在过程成分如"劝"、"令"的影响下，产生了后面嵌入的过程。以例（1）为例，"劝"的对象是"我们"，所以"我们"为受事；劝"我们"什么呢，"别太认真"，即不要有"太认真"这种属性。这个小句的重心在于"我们别太认真"，"劝"只是促使我们产生这个特征的一个外在力量。例（2）和例（3）的属性为一个情形，如果再继续细分，其中载体为"耳目"、"哭笑"，"一新"、"不得"为其属性。例（4）中的"瞠目结舌"描述载体"我"所处的一种状态。前四个例句中，过程与属性重合。在例（5）和例（6）的使役过程小句中，过程与属性各自独立。虽然这些过程由具有动态意义的动态动词（dynamic verb）表达，但这类过程重在突出结果，而不是过程本身，也就是说它描述的是载体发展到一定阶段的、目前所具有的某种状态或特征，即属性。

另外，如前所述，判断使役小句的过程类型以使役过程中内嵌的过程类型为准，使役过程的功能只是促使内嵌过程的产生。所以，内嵌过程不同，整个小句所表达的过程类型也就不同。因此，在判断有两个过程成分的小句的过程类型时，首先要看这个小句是否是使役过程；如果是，再看后面嵌入的过程类型。例如，在小句"他叫我走"中，"叫"表达使役意义，小句的内嵌过程"我走"为动作过程，因此该小句整体上属于动作过程；在小句"他让我心烦"中，"让"表达使役意义，小句的内嵌过程"我心烦"为心理过程，因此该小句整体上属于心理过程；在小句"他叫我认真"中，"叫"表达使役意义，小句的内嵌过程"我认真"为关系过程，因此该小句整体属于关系过程。总之，在使役小句中，第一个过程成分表达一般的使役意义，第二个过程成分决定整个小句的过程类型。

4.3 识别过程

识别过程体现了两个参与者之间通过一个参与者来识别另一个参与者的身份的关系。Halliday（1994/2000：122）认为，这两个参与者分别有两种功能，实现两组语义配置结构：一组是"被识别者（Identified）–识别者（Identifier）"，另一组是"标记（Token）–价值（Value）"。在前一种结构中，需要确定或辨明身份的实体是"被识别者",起确定或辨明身份作用的实体是"识别者"。在后一种结构中,需要对比两个实体的语义抽象程度,其中较具体的是"标记",如外表、符号、形式、名称等;较抽象的是"价值",如实质、意义、职能、身份等。第一种结构,即"被识别者–识别者"属于语篇发展过程中的语篇标识,对于参与者真正角色的确定作用不大,因而从语义配置角度讲,我们主要关注第二种结构,它揭示的是我们所在社会的文化意识形态。"标记–价值"结构既是及物性系统中最难的一部分,也是最重要的一部分(Halliday 1994/2000:126)。"标记–价值"结构在某些类型的语篇,如科技材料、商业材料、政府报告中比较常用,经常用于描述定义、解释现象等。表示识别过程的动词主要有"是"、"标志"、"表示"、"代表"、"象征"、"表明"、"体现"、"选为"、"称为"、"担任"等。

4.3.1 标记 + 过程 + 价值

在此类识别小句的语义配置结构中,过程成分之前的参与者角色为标记,是事物的外在表现形式;过程成分之后的参与者角色为价值,是事物的本性、功能,是识别者。标记与价值这两个参与者角色一般是同义关系,但并不等于同义重复,因此两个实体的抽象程度必须不同。

(1)孔子 [Tk] 是 [Pro] 中国最伟大的教育家 [Vl]。

(2)历史意识 [Tk] 是 [Pro] 一个人、一个民族成熟的标志 [Vl]。

(3)马克思主义 [Tk] 是 [Pro] 人类迄今为止最完整、最科学的思想体系 [Vl]。

(4)"素质教育" [Tk] 是 [Pro] 近20年来我国教育界出现频率最高的一个词 [Vl]。

(5)教育学 [Tk] 是 [Pro] 研究教育问题、揭示教育规律的科学 [Vl]。

(6)一个音标 [Tk] 只表示 [Pro] 一个音素 [Vl]。

(7)白色 [Tk] 代表 [Pro] 着和平与和谐 [Vl]。

(8)八卦 [Tk] 象征 [Pro] 着宇宙中一定的事物 [Vl]。

(9)政治权利 [Tk] 意味 [Pro] 着社会成员在政治活动中的自主性 [Vl]。

（10）产品退出市场 [Tk] 标志 [Pro] 着生命周期的结束 [Vl]。

上述例子中，前五个小句的过程成分均为"是"，"是"之前为具体名称，之后为抽象概念。以例（1）为例，"中国最伟大的教育家"相对而言是一个更为宏观、更为抽象的概念，是一个显著特征，所以是价值；而"孔子"是具体的人，是专指，所以是标记。价值与标记之间通过过程成分"是"构成一一对应甚至对等的关系，二者之间的位置可以相互颠倒。例如，例（1）可以改写为"中国最伟大的教育家 [Vl] 是 [Pro] 孔子 [Tk]"。

例（6）中，"音标"是一个可以写到纸上的、具体的标记，而"音素"为抽象的概念，无法付诸纸面，它们之间通过"表示"这个静态的过程建立了互指关系。例（7）到例（9）中，标记同样代表一个有形的事物或具体的概念，过程也均由静态动词标示。"着"从句法意义上讲为助动词，在"现代汉语中，助动词常用来表达与时间相关的意义"（何伟等 2015：47）。所以在这几例中，"着"表示时间上的持续。过程成分之后的价值与标记相比更为抽象，更为宏观。例（10）中，"产品退出市场"是一个具体的、客观的情形，"生命周期的结束"是一个无形的、抽象的结果，只能借助于前面的标记得以体现。

4.3.2　价值＋过程＋标记

在此类语义配置结构中，较为抽象的概念在过程成分之前，较为具体的概念在过程成分之后，表示过程的典型动词一般为"是"，如下述各例所示：

（1）以文字为研究对象的科学 [Vl] 叫做 [Pro] 文字学 [Tk]。

（2）生产力中最活跃、最重要的因素 [Vl] 是 [Pro] 人的劳动能力 [Tk]。

（3）英国教育的目的 [Vl] 是 [Pro] 培养绅士 [Tk]。

（4）人生中，最重要的品德 [Vl] 便是 [Pro] 忠于家庭和朋友 [Tk]。

（5）他买的 [Vl] 是 [Pro] 旧报纸 [Tk]。

（6）他买的 [Vl] 是 [Pro] 人家挑剩下的 [Tk]。

例（1）和例（2）中，价值与标记均是概念性的描述，而有关价值的描述相对更为宽泛一些，价值与标记之间是一种一一对等的关系。例（3）和例（4）中，标记实际上是一个表达过程意义的嵌入式小句，用来说明一种情形，而这种情形是前面价值的具体体现形式。例（5）中的价值和例（6）中的价值与标记同样描述的是情形。以例（6）为例，"他买"、"人家挑剩下"均表达一种"情形"，"的"字小句体现"物"的语义特点，"他买的"、"人家挑剩下的"分别指代"他买的东西"、"人家挑剩下的东西"。所以，价值和标记既可以表达"物"的语义概念，又可以表达"情形"的语义概念。在此类小句中，标记与价值之间的位置也可以互换。例如，例（3）可以改写为"培养绅士是英国教育的目的"。但需要注意的是，识别小句中两个参与者角色互换位置有时会引起小句语义的变化。Halliday & Matthiessen（2014：280）认为，识别小句可从两个方向进行编码（coding）。小句中被识别者与标记重合而识别者与价值重合所实现的是解码过程（decoding process）；小句中识别者与标记重合而被识别者与价值重合所实现的是编码过程（encoding process）。这种语义的变化在疑问句中尤为明显。例如，对于"谁 [Vl/Id] 是王强 [Tk/Ir]？"这一小句而言，"谁"是需要识别的对象，是抽象概念，是价值。"王强"作为标识，是已知的信息，构成编码过程；而对于"王强 [Tk/Id] 是谁 [Vl/Ir]？"这一小句来说，"王强"成为了被识别者，是标记，"谁"用来识别"王强"，成为价值和识别者，构成了解码过程。而且，"王强"这个参与者被"主位"化，其语篇意义和人际意义均与"谁是王强？"不同。

在对话过程中，识别小句中的价值和标记之间可以互相转换。一个实体可能有时为价值，有时为标记，例如：

—— 谁 [Vl] 是王强 [Tk]？
—— 王强 [Tk] 是我们的 CEO [Vl]。
—— 什么 [Vl] 是 CEO [Tk]？
—— CEO [Tk] 就是首席执行官的简称 [Vl]。

4.3.3 施事 + 过程 + [[标记 + 过程 + 价值]]

在此类使役过程的语义配置结构中，施事通过某种具有使令意义的行为，使受事具有了某种价值、承担了某种角色或具备了某些特征。施事可以是人、物或情形。从句法上讲，体现识别过程的小句嵌入到了使役小句中，填充补语成分。如下述各例所示：

（1）市委、市政府 [Ag] 叫 [Pro] [[我 [Tk] 担任 [Pro] 该厂党支部书记兼厂长 [Vl]]]。

（2）他 [Ag] 劝 [Pro] [[我 [Tk] 做 [Pro] 贼 [Vl]]]。

（3）这 [Ag] 帮 [Pro] [[他 [Tk] 成为 [Pro] "超级"选手 [Vl]]]。

（4）组织上 [Ag] 起初派 [Pro] [[我 [Tk] 担任 [Pro] 销售副厂长 [Vl]]]。

（5）他们 [Ag] 将使 [Pro] [[本届世界杯 [Tk] 成为 [Pro] 最盛大的一届比赛 [Vl]]]。

以例（1）为例，施事"市委、市政府"为"叫"这个动作的发出者，在"叫"的命令下，"我"作为一个具体的人，承担了"该厂党支部书记兼厂长"这个职务。没有"叫"这个使役行为，就没有后面整个过程内容。所以，后面的识别过程是在前面使役过程的促使下才产生的。而在识别过程中，"我"和"该厂党支部书记兼厂长"虽为同一人，但不是同义重复，是对同一人的不同体现方式。"我"为具体所指，为标记；"该厂党支部书记兼厂长"相对于具体的人而言是一个更加抽象的表示职务的概念，为价值。

4.4 位置过程

这种关系小句描述实体及其位置之间的关系。两个参与者角色分别为载体和位置。这个位置可以是时间上的，亦可以是空间上的，但空间位置更为常见。所以，第二个参与者角色并不是过程的对象，而只是对第一个参与者角色位置的描述。Halliday & Matthiessen（2014：226）认为，位置仅仅是为过程和参与者角色提供补充信息，不是参与者角色，因而将其处理为一种环境成分。Fawcett（2010：19）认为，环境成分一般是对过程的补充，去掉之后不影响整个小句语义的表达，但如果位置是过程所期待的，并直接参与了小句的及物性建构，就应该把它看作一个参与者角色。本书认同Fawcett的观点。汉语位置过程小句中，表示过程意义的动词一般有"位于"、"处于"、"坐落"等，表示位置意义的一般为介词短语或名词短语，这里的介词短语多为"在"字短语。

4.4.1　载体 + 过程 + 位置

此类过程的语义配置结构可描述为"某物在某处"，而不是"某处有某物"。其中的载体可以是人，也可以是物。根据Halliday & Matthiessen（2014：114）的信息结构原则，已知信息一般在新信息之前。对于位置过程小句而言，已知的是载体，未知的是载体的位置。所以，位置过程描述的是某个"物"目前的位置，而不是某个地方存在某物。

（1）中国的满族一半以上 [Ca] 居住 [Pro] 在辽宁省 [Loc]。

（2）他们世世代代 [Ca] 生活 [Pro] 在北美的林野中 [Loc]。

（3）他 [Ca] 长期呆 [Pro] 在幕后 [Loc]。

（4）佛罗里达州 [Ca] 位于 [Pro] 美国的东南部 [Loc]。

（5）初中生 [Ca] 正处于 [Pro] 生长发育的高峰期 [Loc]。

（6）第二次听到这曲调 [Ca] 是 [Pro] 在70年代 [Loc]。

上述例句中，载体可以是人、物或情形。过程描述载体与位置之间的某种关系，载体的具体位置既有空间上的（如前四例），也有时间上的（如后两例）。它们是过程所期待的信息，没有它们，整个小句表达的语义就不完整。需要注意的是，这几例中，我们将"处于"、"位于"均视为完整的过程成分，未作细分。例（5）中，"生长发育的高峰期"指的是十几岁的年龄段，它是一个时间上的概念，描述的是初中生所处生理阶段的时间位置。例（6）中，载体描述了一种"情形"。在过程成分"是"的关联下，"在70年代"描述了这一情形发生的时间位置。

在这类语义配置结构中，表示位置的语言单位常常是介词短语，比如上述例（1）至例（3）和例（6）中的"在……"。但有时我们需要仔细分析，才能确定哪些"在……"现象是真正的介词短语，哪些是表示处所的动词"在"后接表示具体位置的名词性表达。例如：

（7）我的家 [Ca] 在 [Pro] 东北 [Loc]。

（8）我 [Ag] 在东北长大 [Pro]。

例（7）中，"在"是动词，表示位置过程意义，"东北"为位置参与者角色。而例（8）中，"长大"为动词，表示动作过程意义，介词短语"在东北"为环境角色成分，不是过程所期待的必需成分，而是补充的可选成分。

4.4.2　受事–载体 + 过程 + 位置

在此类小句中，实体受到过程的影响而处于某个位置，既充当受事也充当载体。这类小句实际上是以主动形式表被动意义，在谓体之前省略了一个隐性的"被"字。

（1）他 [Af-Ca] 困 [Pro] 在石缝间 [Loc]。

（2）头 [Af-Ca] 蒙 [Pro] 在被窝里 [Loc]。

（3）我的支票 [Af-Ca] 锁 [Pro] 在柜子里 [Loc]。

（4）一本书 [Af-Ca] 放 [Pro] 在书架上 [Loc]。

例（1）中，困的对象是"他"，"他"被"困"了，但"他困"本身不具备完整语义，所以"困"期待另一个参与者角色，即"在石缝间"来表示"他"被困的位置。例（2）中，"蒙"的对象是"头"，"头"受到了过程的影响成为"受事"，而"头"目前的位置是"在被窝里"。例（3）中，"锁"的对象是"我的支票"，"我的支票"的位置是"在柜子里"。例（4）亦是如此。所以这些例句描述的是载体在一个隐性施动者的作用下而保持了某种状态。其中的过程成分均描述的是某种因某一动作的实施而造成的状态，而不是积极主动的行为。在此类小句中，静态意义的过程一般侧重于描述实体的现状、状态，而不是发生了什么行为，对其他参与者角色造成了什么影响。

上述四例中，重点突出的是"他在石缝间"、"头在被窝里"、"我的支票在柜子里"以及"一本书在书架上"，强调了载体和位置之间的关系。所以在位置过程中，语义表达的重点一般不在中间的过程，而在于过程两端两个参与者角色之间的关系。

4.4.3 施事 + 过程 + [[载体 + 过程 + 位置]]

在此类使役过程中，在施事这个外力的作用下，某个实体受到影响而处于某个位置；这个实体既是前面使役过程的受事，又是后面位置的载体，受事与载体重合。当然，受使役行为影响的不只是载体，还有过程及位置参与者角色。因而，与本书其他相关章节一样，使役结构内嵌过程中的参与者角色虽为复合参与者角色，我们通通都不再以复合参与者角色标记它们。

（1）教练组 [Ag] 让 [Pro] [[他 [Ca] 留 [Pro] 在德国 [Loc]]]。
（2）我 [Ag] 让 [Pro] [[他 [Ca] 坐 [Pro] 在我旁边 [Loc]]]。

4.5 方向过程

这类小句通常描述实体的一种静态的方向，也就是实体和方向之间的关系。根据Fawcett（2010：57）的观点，方向包括来源、路径和目的地。来源是指方向的源头；路径是指从来源到目的地的途径；目的地是过程的指向，它是方向过程中最常见的参与者角色，而路径的出现频率相对较少。与表示方向的环境成分相比，方向过程中的来源、路径、目的地是过程所期待的，句法上它们充当小句的补语成分。如果没有它们，小句便不完整。需要注意的是，这里的方向及其包含的要素（即来源、路径和目的地）可以指具体的或抽象意义上的方向。方向过程中表达过程成分的主要有"从……到……"、"来自"、"经过"、"抵达"、"至"等。

4.5.1 载体 + 过程 + 来源

此类过程的语义配置结构描述实体的来源，即实体具体来自什么地方。

来源既可以指具体的地理位置，也可以是抽象意义上的位置。

（1）10名观众评委中，<u>1名</u> [Ca] <u>来自</u> [Pro] <u>辽宁省</u> [So]。

（2）<u>这几个引文</u> [Ca] 均<u>出自</u> [Pro] <u>这几篇文章</u> [So]。

（3）<u>这个圣经故事</u> [Ca] <u>选自</u> [Pro]<u>《旧约·创世纪》</u>[So]。

前面提到，现代汉语中多用双音节词，所以上述例句中的过程未作进一步细分。如果要细分，"出"、"选"、"来"为过程，"自"为过程延长成分，引出后面的来源。"辽宁省"表示具体的地理位置，而"这几篇文章"和《旧约·创世纪》表示载体的出处，它们都是过程所必需的参与者角色。需要注意的是，表示来源的成分有时并不一定是参与者角色，例如：

（4）<u>他老婆</u> [Ag] 从家里<u>跑</u> [Pro] 了。

例（4）中，过程成分由动态动词"跑"体现。"从家里"虽然是"跑"的来源，但这个来源并不是过程所必需的，"他老婆跑了"完全可以表达完整语义，所以"从家里"为表示来源的环境成分，并非"跑"这个过程的参与者角色。

4.5.2　载体 + 过程 + 路径

此类过程描述载体经过了什么路径，这个路径同样可以是抽象的，也可以是具体的，一般由名词词组体现。

（1）<u>群山</u> [Ca] <u>绵延</u> [Pro] <u>千里</u> [Pa]。

此例中，过程意义由"绵延"体现，表达的是"延续"、"持续"这种静态的语义，它不是"载体"积极主动的或者所能主宰的行为，而是一种客观存在。"千里"为"载体"所经历的通道，是一种具体的路径。

在这种语义配置结构中，还有一种路径表示载体最终的静态方向，例如：

（2）<u>房屋门窗</u> [Ca] <u>朝</u> [Pro] <u>西</u> [Pa]。

4.5.3 载体 + 过程 + 目的地

这是方向过程中最常见的一种语义配置结构，表示载体静态地延伸到或拓展到某个处所的状态。载体一般为物，目的地一般为处所，可以是抽象的也可以是具体的。

（1）青藏铁路 [Ca] 已通到 [Pro] 了格尔木 [Des]。

（2）这几条小路 [Ca] 通向 [Pro] 未知的尽头 [Des]。

（3）他们的冲突 [Ca] 波及 [Pro] 远东 [Des]。

（4）横跨山岭的高压线 [Ca] 延伸 [Pro] 到 [PrEx] 村里 [Des]。

（5）西藏沿边贸易热潮 [Ca] 已逐步延伸 [Pro] 到 [PrEx] 高原腹地 [Des]。

例（1）和例（2）中，表示过程成分的"通到"和"通向"描述载体延伸到某个处所的状态，它们之后必须紧跟表示目的地的信息。如前所述，对于单音节词体现过程并后接过程延长成分的情况我们不再进一步细分，而将它们统一描述为过程。例（3）表达抽象的语义，描述这些冲突目前波及的区域。例（4）和例（5）中，"延伸"表示延长、延展这种静态的过程，"到"的功能是引出目的地，是对过程的进一步补充。

4.5.4 载体 + 来源 + 过程 + 目的地

此类语义配置结构描述载体从某地到某地这种静态的起止、延伸情况。汉语中体现这种过程的小句经常采用"从……到……"、"由……到……"这些表达起始地点的结构。

（1）商业往来 [Ca] 则由 [PrEx] 陆地 [So] 延伸 [Pro] 到 [PrEx] 波罗的海沿岸 [Des] 和由 [PrEx] 海路 [So] 通 [Pro] 往 [PrEx] 罗马的各个港口 [Des]。

在此例中，第一个小句中的"商业往来"是一种抽象的载体，它涉及的范围从来源（"陆地"）到达目的地（"波罗的海沿岸"）；过程"延伸"表达一种静态的动作，"由"引出前面的来源，"到"引出后面的目的地，二者均为过程延长成分。"由"和"到"如果一起使用，则其后的来源和目的地均应视作参与者角色。但如果表达来源或目的地成分的词语如"由"和"来"独立使用，且表示该来源或目的地的成分并非过程所期望的，那么来源和目的地就不是参与者角色。例如，在小句"他从上海出发了"中，"从上海"为来源，但如果没有这个补充信息，"他出发了"也能够表达一个具有完整意义的动作过程。所以"从上海"不能被看作参与者角色，而是环境角色。

4.5.5　施事 + 过程 + [[载体 + 过程 + 目的地]]

在此类语义配置结构中，在施事这个外力的作用下，载体静态地延伸或拓展到某处。

（1）他们 [Ag] 让 [Pro] [[这条河 [Ca] 通往 [Pro] 大海 [Des]]]。

在此小句中，"这条河"原来可能注入某个湖泊或流入某条大江，在"他们"的修渠改道之下，"这条河"注入了"大海"；"大海"目前是这条河的方向，是其静态的流向。

4.6　拥有过程

这个过程描述一个实体与另一个实体之间的拥有关系。两个参与者角色分别为拥有者（Possessor）和拥有物（Possessed）。这个拥有关系不仅仅包括狭义上的所有权关系，还包括广义上的、更为概括的参与、包含等关系（Halliday& Matthiessen 2014：294-295）。Fawcett（2010：82）认为，拥有关系不仅仅包括"所有"关系，还包括"缺乏"关系，也就是说，某个实体没有某物也是一种拥有关系。汉语中表示拥有过程意义的典型动词包括"有"、"拥有"、"持有"、"缺少"等。

4.6.1　拥有者 + 过程 + 拥有物

此类语义配置结构描述表示人或物的实体拥有某物，但表示存在意义的小句"某地有某物"不属于本范畴。表示过程的词一般包括"有"、"拥有"、

"具有"、"具备"、"持有"、"保持"等。

（1）每个人 [Posr] 都有 [Pro] 自己的个性特点 [Posd]。

（2）教育 [Posr] 具有 [Pro] 阶级性 [Posd]。

（3）心理学家 [Posr] 持有 [Pro] 不同观点 [Posd]。

（4）总统 [Posr] 应该拥有 [Pro] 极大的权力 [Posd]。

（5）越来越多的移民 [Posr] 保持 [Pro] 着双重国籍 [Posd]。

（6）中国 [Posr] 具备 [Pro] 了前所未有的开放性 [Posd]。

上述例句中的拥有关系均为狭义上的所有关系，第一个参与者角色为具体化拥有者，第二个参与者角色为所拥有的"物"。拥有过程还包括广义上的参与、包含等关系，也就是说，拥有者并不一定对后面的物具有所有权，例如：

（7）我 [Posr] 有 [Pro] 个好朋友 [Posd]。

（8）每条路 [Posr] 都能容纳 [Pro] 成千上万的人 [Posd]。

在例（7）中，过程"有"表达的是"我"和这个"好朋友"之间存在的一种关系，但这并不是说我们之间有一种所有权方面的关系，即"我拥有我的好朋友"；也不能将其看作归属过程，即将"好朋友"视为"我"的一个属性；同样不能将其理解为识别过程，因为"我"和"好朋友"不具有同一性，它们指代不同的实体。例（8）中的过程"容纳"不是载体积极发出的一种动作，它表示在固定的空间范围内"每条路"所拥有的承载力。所以，拥有过程是一种宏观意义上的属有关系，即两个参与者角色之间既可以是一种所属关系，又可以是一种存有关系。

4.6.2　拥有物＋过程＋拥有者

与上一个类型的语义配置结构相比，此类语义配置结构将拥有物主位化，而将拥有者放在述位的位置，使其承载信息的焦点。体现过程意义的词语主要有"隶属"、"属于"、"是……的"、"归"等。

（1）中国文物 [Posd] 首先是 [Pro] 中国的 [Posr]。

（2）义务教育的管理权 [Posd] 属于 [Pro] 地方 [Posr]。

（3）中国石油工程建设有限公司 [Posd] 隶属 [Pro] 于 [PrEx] 中国石油天然气集团公司 [Posr]。

（4）六个孩子 [Posd] 归 [Pro] 他 [Posr] 了。

（5）防卫挑拨、相互斗殴、偶然防卫等不具有防卫意识的行为 [Posd]，不属于 [Pro] 正当防卫 [Posr]。

例（1）中，拥有者"中国的"为属格字符串，由"中国"和属格成分"的"组成，描述"中国文物"的归属关系。这里需要注意拥有过程与归属过程之间的差异。例如，在"这张桌子是我的"和"这张桌子是木头的"这两个小句中，"我的"及"木头的"均描述与"这张桌子"之间存在的一种关系，而不是"这张桌子"做了什么。其中前者描述了它的所属关系，是拥有过程，而后者描述了它的材质，即特征，是归属过程。上述例句中，除例（5）的归一度为否定之外，其余均为肯定，描述了拥有者和拥有物之间严格意义上的所属关系。

4.6.3　施事＋过程＋[[拥有者＋过程＋拥有物]]

在此类使役过程的语义配置结构中，在施事的外在作用下，一个实体与另一个实体建立了拥有关系。没有施事这种外力，其后的拥有关系不可能产生。

（1）它 [Ag] 让 [Pro] [[残疾人和关爱残疾人的志愿者们 [Posr] 共同拥有 [Pro] 一个播种和收获的天地 [Posd]]]。

（2）语言 [Ag] 让 [Pro] [[一个词 [Posr] 兼表 [Pro] 几个意义 [Posd]]]。

上述例句中，第一个过程相比于第二个过程而言，其最主要的功能是促成第二个过程的产生。

4.7　关联过程

关联过程描述一个参与者角色和另一个参与者角色之间的关系，这两个参与者角色通过过程联系在一起。Fawcett（2010：88）将英语中的这种过程称为匹配过程（matching process），一个参与者角色为"匹配者"，另一个为"被匹配者"，从称谓上看，他们之间有一个主从关系。我们认为，这种过程中的两个参与者角色之间往往地位平等，而且这种过程不仅包括互相匹配的关系，还包括其他互相关联的关系，如连接关系、结合关系等。所以，我们称这两个参与者角色为相关方（Correlator），并分别将其命名为相关方1（Cor1）和相关方2（Cor2）。现代汉语中，需要两个参与者角色实施关联行为的动词包括"嫁"、"娶"、"连接"、"适合"、"导致"等。需要注意的是，关联过程和前文阐述的归属过程和识别过程非常容易混淆。三者的差异之一是，当小句中的两个参与者角色均指实体时，在识别过程中，一个实体用于识别另一个实体；在归属过程中，一个实体用于说明另一个实体的特征，这两个过程中的两个实体之间均具有同一性；而在关联过程中，相关方1和相关方2一般不具有同一性，它们是两个密切相关的、不同的实体。此外，在识别过程中，标记与价值之间的抽象程度不一样，而在关联过程中，两个参与者之间没有抽象程度方面的突出差异或区别。

4.7.1 相关方1+过程+相关方2

在这类语义配置结构中，过程期待的两个参与者角色一般较为固定，过程体现了两个参与者建立起何种关系，如嫁娶关系、因果关系、匹配关系等。

（1）女主角 [Cor1] 嫁 [Pro] 给 [PrEx] 了心目中的白马王子 [Cor2]。

（2）长期相处后，她 [Cor1] 嫁 [Pro] 给 [PrEx] 了那位优先生 [Cor2]。

（3）以后的岁月里，父亲 [Cor1] 娶 [Pro] 了我母亲 [Cor2]。

（4）这种方式 [Cor1] 适合 [Pro] 于 [PrEx] 人数较多的合伙 [Cor2]。

（5）劳动力 [Cor1] 转化 [Pro] 为 [PrEx] 商品 [Cor2]。

（6）主观唯心主义 [Cor1] 必然导致 [Pro] 荒谬的唯我论 [Cor2]。

例（1）和例（2）中，过程"嫁"期待两个参与者角色，参与者角色1一般为女性，参与者角色2一般为男性，这两个参与者角色通过"嫁"这个过程，建立了夫妻关系；而通过"给"才引出了嫁的对象，即另一个参与者角色，所以"给"为过程延长成分。例（3）中，"娶"同样期待两个参与者角色，参与者角色1一般为男性，参与者角色2一般为女性，二者通过"娶"这个过程确立夫妻关系。例（4）中，过程"适合"描述了相关方1和相关方2之间的匹配关系。例（5）和例（6）中，"转化"和"导致"并不是参与者积极主动的行为，它描述了一个实体通过何种方式成为另一个实体，或与另一个实体之间发生了什么样的关系。这两个实体之间一般没有主次之分。

4.7.2　相关方1 + 相关方2 + 过程

和上一个语义配置结构相比，此类语义配置结构先将关系密切的两个相关方全部置于句首，使其主位化，进而由过程对它们之间的关系进行陈述。

（1）教育 [Cor1] 与生产劳动 [Cor2] 相结合 [Pro]。

（2）现有人力资源的配置 [Cor1]和公司的长期发展目标 [Cor2]相匹配 [Pro]。

（3）这座桥 [Cor1] 和那座桥 [Cor2] 连在一起 [Pro]。

上述例句中，"结合"、"匹配"和"连在一起"这三个过程均需两个参与者角色的参与才能构成一个具有完整语义的小句，它们强调的不是一个或两个参与者角色的动态变化，而是这两个参与者角色之间的关系。

4.7.3　施事 + 过程 + [[相关方1 + 过程 + 相关方2]]

在此类使役小句中，施事促使两个参与者角色产生某种关系，如结合关系、连接关系、匹配关系等。施事同样可以是人、物或情形。关联小句嵌入到使役小句中，填充了补语成分。

（1）老杜 [Ag] 让 [Pro] [[他 [Cor1]娶 [Pro] 了翠莲 [Cor2]]]。

（2）这 [Ag] 使 [Pro] [[她 [Cor1] 嫁 [Pro] 给 [PrEx] 了詹姆斯 [Cor2]]]。

在这两个例句中，例（1）的施事为人，例（2）的施事为抽象的物或情形，它们促成了后面嵌入小句所表达的婚姻关系的产生。

4.8 小结

本章呈现了汉语及物性系统中的关系过程。关系过程是描述实体之间关系的过程，所以它必须有两个参与者角色。关系过程可以细分为六个子过程类型，即归属过程、识别过程、位置过程、方向过程、拥有过程和关联过程。本章对不同过程类型的语义配置结构进行了详细描述。归属过程描述的是实体所具有的某种特征和属性，该过程中的两个参与者角色分别为载体和属性；识别过程体现两个参与者角色之间的识别关系，即通过一个参与者角色可以识别另一个参与者角色的身份，该过程中的两个参与者角色分别为标记和价值；位置过程描述实体所在的位置，这个位置既可以是空间上的，也可以是时间上的，该过程中的两个参与者角色分别为载体和位置；方向过程描述的是实体静态地向某个方向延伸的状态，该过程中的参与者角色除了载体之外，还可以包括来源、路径、目的地等三者之一或之二；拥有过程描述一个实体与另一个实体的所属关系，但这里的所属关系为广义上的，不但包括隶属关系，还包括缺乏、包含等关系，该过程中的两个参与者角色分别为拥有者和拥有物；关联过程表示两个实体之间的关联性，该过程中的两个参与者角色分别为相关方1和相关方2，它们之间没有地位上的差异。

练习

1.请根据例子指出下列每个小句中的关系过程成分（包括过程延长成分）。

　　例：每筐<u>九十斤</u> [Pro-At]。

（1）这项成果归他。

（2）秦岭横亘陕西省中部偏南。

（3）教育目的具有阶级性。

（4）文学的媚俗现象，牵扯到纯文学和俗文学。

（5）八卦每卦各象征着宇宙中一定的事物。

（6）博物馆坐落于大教堂的左侧。

（7）我们不会让他成为一个娇生惯养的孩子。

（8）这条路不止通向健康、朝气蓬勃、充满活力，而且通向自尊。

2.请根据例子指出下列每个小句的关系过程类型。

　　例：他右眼视力0.2。（归属过程）

（1）我是最大的受益者。

（2）汉语有它自身无穷的魅力。

（3）它们栖息在50平方千米的范围内。

（4）学生的行为和家长的言传身教紧密相关。

（5）1958年，全省第一条铁路通到省会贵阳。

（6）社会教育涉及社会生活的方方面面。

（7）20多年的监狱生活使他变成了另一个人。

（8）19世纪50年代前，日本还是一个闭关锁国的封建国家。

3.请根据例子画出下列每个小句的语义配置结构。

　　例：<u>当年的一株幼苗</u> [Af-Ca]，已经<u>长</u> [Pro] <u>成</u> [PrEx] <u>生机勃勃的大树</u> [At]。

（1）人家让我呆在院子里。

（2）她的个头一米五八。

（3）文艺复兴以后的局面很像我们的战国时代。

（4）惠普文化总能让惠普的人保持自知之明。

（5）生物圈的空间范围也首次由海洋伸向陆地。

（6）棕榈滩上的一块地1923年值80万美元。

（7）当时的音乐家只能附属于宫廷或教堂。

（8）原有的营销方式无法适应企业在网络上发展的需求。

第五章
行为过程

5.1 引言

在前面三章中，我们分别讨论了及物性系统中的主要过程类型，即动作过程、心理过程以及关系过程。这三类过程之所以被称为主要过程类型，是由于它们呈现了三种独特的经验过程，也是语篇中绝大多数小句所属的过程类型（Halliday 1994/2000：138；Halliday & Matthiessen 2004/2008：248，2014：300；胡壮麟等 2005：82）。除了这三种具有独特特征的过程类型外，及物性系统中还有一些过程类型处在主要过程之间。首先，我们将介绍处于动作过程和心理过程之间的过程类型——行为过程（behavioral process）。

Halliday（1994/2000：107）和 Matthiessen（Halliday & Matthiessen 2004/2008：71，2014：215）认为，行为过程是身体内部机能的外在表现，是意识和生理状况行为化的结果。简单来说，行为过程就是指"诸如呼吸、咳嗽、叹息、做梦、哭笑等生理活动的过程（a process of behaving）"。最初 Halliday 将行为过程放在物质过程范畴之内，后来意识到行为过程具有一定的特殊性，于是将其单独划为一种过程类型（胡壮麟 1994：36）。然而，行为过程也具有动作过程的特点，同样描述了"某人在做某事"的情形，如"呼吸"、"咳嗽"等都是描述做某事的过程；行为过程也具有心理过程的特点，是心理过程的外在体现。例如"他在大声地笑"这一行为过程中体现了"他很高兴"这一心理过程；另外，一些体现心理感知过程的动词，如"看"、"听"等在一定语境下也体现了行为过程；Martin et al.（2010：107）还指出行为过程也具有言语过程的特点，可以表现言语行为，如"嘟囔"、"闲聊"等。

由此可以看出，行为过程是及物性系统中特点最不显著的过程类型（Halliday 1994/2000：139；Halliday & Matthiessen 2004/2008：248，2014：301）。行为过程的这一特性也从侧面反映出及物性系统中范畴之间的界限本身是模糊的、重叠的（Thompson 2004/2008：104）。但这当然不是说行为过程没有其作为一类过程的特点。行为过程虽然也用来描述某人做某事的过程，但它描述的活动多为身体反射类的生理活动，通常不受人类意志的控制。因此小句中的主体在进行行为过程时往往是下意识的、不自主的。行为过程小句通常只包含一个参与者角色，即主导行为过程的主体，称为"行为者"（Behaver）。有时，小句中除了"行为者"也会涉及"范围"这一参与者角色。使役行为过程小句中还涉及"施事"。根据小句中参与者角色的结构配置，我们构建了行为过程小句的系统网络，如图5-1所示。我们将在本章逐一介绍系统网络中的各个构成类型。

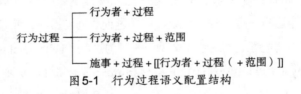

图5-1　行为过程语义配置结构

5.2　过程类型

5.2.1　行为者 + 过程

行为者是实施行为过程的主体，是行为过程中最重要的参与者角色。大多数行为过程小句中仅含有行为者这一个参与者角色。由于行为过程多描述生理活动过程，因此行为者通常是人或者动物。在此类语义配置结构中表达行为过程的动词有"咳嗽"、"喘气"、"呕吐"、"抽搐"、"战栗"、"发呆"、"做梦"、"打喷嚏"、"打嗝"、"打哆嗦"、"笑"、"叹气"、"哭"、"耸耸肩"、"摇摇头"、"唠叨"、"咕哝"、"闲聊"、"喃喃自语"、"叫"、"响"等，如下述各例所示：

（1）刚到香港时<u>他</u> [Behr] 只是不住地<u>咳嗽</u> [Pro]。

（2）<u>叶乔波</u> [Behr] 大口大口地<u>喘气</u> [Pro]。

（3）（[Behr]）坐车时甚至会<u>呕吐</u> [Pro]。

（4）还没有到家，<u>小孩</u> [Behr] 就<u>抽搐</u> [Pro] 起来。

（5）正是初冬天气，<u>大家</u> [Behr] 在寒冷中<u>战栗</u> [Pro] 着。

（6）<u>他</u> [Behr] 无精打采地<u>发呆</u> [Pro]。

（7）<u>一个人</u> [Behr] 仰卧着不会<u>打</u> [Pro] <u>喷嚏</u> [PrEx]。

（8）<u>人</u> [Behr] 为什么会<u>打</u> [Pro] <u>嗝</u> [PrEx]？

（9）<u>年喜</u> [Behr] 老<u>打</u> [Pro] <u>哈欠</u> [PrEx]。

（10）有天晚上，<u>她</u> [Behr] <u>做</u> [Pro] 了<u>一个梦</u> [PrEx]。

（11）李征儒全身湿漉漉，<u>两腿</u> [Behr] 直<u>打</u> [Pro] <u>哆嗦</u> [PrEx]。

　　例（1）至例（11）带有动作过程的一些特点，但这些小句描述的均为生理性的动作过程，不受主观控制，因此属于行为过程。表达这类行为过程的动词还有"睡觉"、"出汗"、"晕倒"、"呼吸"、"打鼾"等。需要注意的是，在例（7）至例（11）中，行为过程由过程和过程延长成分组成："打"和"做"不是小句要表达的过程意义，只有过程和其后出现的过程延长成分一起，才能表达准确、完整的行为过程。行为过程中的行为者通常是人，但有时可以指人身体的具体部位，如例（11）中的"两腿"。

（12）<u>他</u> [Behr] 总是<u>微笑</u> [Pro]。

（13）<u>卢卡</u> [Behr] 暗自<u>叹气</u> [Pro]。

（14）<u>她</u> [Behr] <u>哽咽</u> [Pro] 着，不肯收。

（15）<u>谁的小孩子</u> [Behr] 在<u>哭</u> [Pro]？

（16）<u>她紧握的手</u> [Behr] 有些<u>发抖</u> [Pro]。

（17）<u>宋太祖</u> [Behr] 直<u>皱</u> [Pro] <u>眉头</u> [PrEx]。

（18）<u>女儿</u> [Behr] <u>耸耸</u> [Pro] <u>肩</u> [PrEx]，洗耳恭听。

（19）<u>李院长</u> [Behr] 谦虚地<u>点点</u> [Pro] <u>头</u> [PrEx]。

（20）他 [Behr] 情不自禁地流 [Pro] 下 [PrEx1] 了眼泪 [PrEx2]。

例（12）至例（20）中的小句带有心理过程的特点，间接地反映出行为者的心理状态，小句描述的行为过程是行为者心理状态的外在体现。比如例（13）中的"叹气"反映出无奈、郁闷的心理情绪，例（16）中的"发抖"反映出激动或气愤等心理活动。同例（7）至例（11）一样，例（17）到例（20）中的行为过程由过程和过程延长成分组成。

（21）售书小姐 [Behr] 终于憋不住唠叨 [Pro] 开了。

（22）莫理森 [Behr] 十分费力地咕哝 [Pro] 着。

（23）"面的"司机 [Behr] 三五成群地闲聊 [Pro]。

（24）我 [Behr] 一直都在抱怨 [Pro]。

（25）一些造神的专家老手 [Behr]，总是整天嘴里念念有词 [Pro]。

（26）躺在病榻上的王蒂 [Behr] 喃喃自语 [Pro]。

（27）小狗丽妃 [Behr] 汪汪狂吠 [Pro]。

（28）它的牙齿间 [Behr] 咯咯响 [Pro]。

（29）火车 [Behr] 叫 [Pro]，游客到，撒尼人民 [Behr] 哈哈笑 [Pro]。

例（21）至例（26）中的小句带有交流过程（详见第六章）的特点，这类过程小句不属于典型的行为过程小句，在分析文本时要依据语境作出判断。在这种行为过程小句中，绝大多数情况下过程成分后不出现行为者所说的内容。如果过程成分后出现了所说的内容，不论是直接引述还是间接引述，通常将其划分为交流过程。如"他太太抱怨说，只有睡着了才能把手机从他手里掰开"以及"有时候我就跟我妈抱怨：'我什么时候才能离开这个家？'"，这两个小句均属于交流小句。

行为过程中行为者可以是人，也可以是动物，如例（27）和例（28）所示；还可以是车辆或者机器等，如例（29）中的第一个小句所示。

5.2.2 行为者 + 过程 + 范围

大多数行为过程小句中仅含有"行为者"这一参与者角色，然而，除了

"行为者"，小句中有时还会包含另一个参与者角色，该参与者角色不是行为过程的承受者，而是限定了行为过程的范围，称作"范围"。如下述各例所示：

（1）这些隐者 [Behr] 嘲笑 [Pro] 孔子 [Ra]。

（2）然后盖茨 [Behr] 目瞪口呆地盯 [Pro] 着我 [Ra]。

（3）我 [Behr] 多少次梦想 [Pro] 过这一刻 [Ra] 啊。

（4）医生 [Behr] 不禁为 [PrEx] 我 [Ra] 叹息 [Pro]！

（5）美龄 [Behr] 一边轻轻地哼 [Pro] 着歌 [Ra]，一边打扮起来。

（6）司机 [Behr] 一边听 [Pro] 着音乐 [Ra]，一边操作着。

同动作过程中的范围一样，行为过程小句中的范围限定了过程的目标方向或者范围。需要注意的是，例（5）中的"哼歌"和例（6）中的"听音乐"是行为过程，而不是动作过程和心理过程。虽然这两个小句带有动作过程和心理过程的特点，但在这两个小句构建的语境中，"哼歌"和"听音乐"是行为者不经意发出的行为，而不是刻意的、有目的的动作，因此划分为行为过程更为合理。

5.2.3　施事＋过程＋[[行为者＋过程（＋范围）]]

同其他类型的使役小句相同，使役行为过程小句也包含三个部分：施事、使役过程以及行为过程小句，行为过程小句由施事通过使役过程发起。也就是说，施事发起一个使役过程，但过程的结果不是某个参与者角色，而是一个行为过程。例如在"这个病使我不断咳嗽"中，"这个病"是施事，"使"表达使役过程，"我不断咳嗽"是一个行为过程。这个行为过程受到使役过程的影响而产生，在句法上充当补语。在此类行为过程中表达使役过程的动词有"让"、"令"、"叫"、"使"等，如下述各例所示：

（1）哪句话 [Ag] 让 [Pro] [[你 [Behr] 哭 [Pro] 出来 [PrEx] 了]]？

（2）疾病 [Ag] 让 [Pro] [[我 [Behr] 简直不能呼吸 [Pro]]]。

（3）一阵怪难闻的气味 [Ag] 真令 [Pro] [[我 [Behr] 要呕吐 [Pro]]]。

（4）滚滚的灰沙 [Ag] 使 [Pro] [[我 [Behr] 不停地打 [Pro] 喷嚏 [PrEx]]]。

（5）马吕斯的一望 [Ag] 使 [Pro] [[珂赛特 [Behr] 发抖 [Pro]]]。

（6）在此之前，她 [Ag] 从没使 [Pro] [[他 [Behr] 流 [Pro] 过泪水 [PrEx]]]。

（7）她 [Ag] 不让 [Pro] [[自己 [Behr] 尖叫 [Pro] 出来 [PrEx]]]。

（8）那就让 [Pro] [[你的脸 [Behr] 对 [PrEx] 它 [Ra] 发出 [Pro] 微笑 [PrEx] 吧]]!

　　例（1）至例（8）为典型的使役行为过程。在这些小句中，施事发起的使役过程引起了一个行为过程，这个行为过程可以只包含行为者一个参与者角色，如例（1）至例（7）所示，也可以包含行为者和范围这两个参与者角色，如例（8）所示。使役行为过程中的施事大多为抽象或具体的物，如例（1）至例（4）；但也可以是事件，如例（5）；或者是人，如例（6）至例（8）。注意例（8）中施事被省略，成为隐性施事。

5.3　小结

　　本章描述了汉语及物性系统中的行为过程。行为过程主要反映生理活动，尤其是人类特有的生理行为。不仅如此，这类过程也可以体现心理状态，还可以表达言语行为。正因为行为过程的边界比较模糊，与其他过程有相互重叠的部分，在分析文本时，可能会遇到许多临界情况。在遇到这种问题时，我们需要分清每种过程的特性，根据语境推测出作者想要传达的意义，从而得出合理的结论。

练习

1.请根据例子指出下列每个小句中的行为过程成分（包括过程延长成分）。

　　例：可怜的宝宝还在流鼻涕。

（1）孩子一直在咳嗽。

（2）你就可以自由地呼吸了。

（3）手在微微发抖。

（4）她发狂似的大叫大喊。

（5）晚饭后，大家在一处闲谈。

（6）她狐疑地皱眉头。

（7）我又梦见了你。

（8）爸爸一直叹气。

2.请根据例子画出下列每个小句的语义配置结构。

例：他 [Behr]最近老打 [Pro] 喷嚏 [PrEx]。

（1）她冲我笑着。

（2）杨麟突然大笑。

（3）我当年都没哭。

（4）他的声音让所有人战栗。

（5）空调机在后面轰轰响着。

（6）公爵夫人不住地絮叨。

（7）胡樵瞪着他。

（8）一次次化疗使他经常呕吐。

第六章
交流过程

6.1　引言

　　交流过程（communicative process）指的是通过语言进行信息交换的经验过程。Halliday（1994/2000：107）和Matthiessen（Halliday & Matthiessen 2004/2008：171，2014：302；参见胡壮麟等 2005：83）把这类过程称为"言语过程"，他们提出言语过程是在人类意识中建构的，并通过语言形式表现出来的一种符号关系，比如说话（saying）或者意指（meaning）。"他对我说他爱我"以及"我的表显示七点了"都属于这类小句。

　　然而，言语过程这一术语本身更侧重于体现说话类的经验过程，不能充分体现意指类的经验过程（Halliday 1994/2000：140）。鉴于这两类经验过程的本质均为交流信息，因此将它们统称为"交流过程"更为合适。"交流过程"这一术语不仅能够体现出该类过程的特性和功能，而且能够凸显出过程内含的意图性，使之与行为过程中有关言语的过程区分开来。

　　尽管命名不同，交流过程与言语过程一样都具有一定的复杂性。Halliday最初把言语过程放在心理过程的范畴中（参见胡壮麟 1994：37），而后又认为这类过程处在心理过程和关系过程的交界处（Halliday 1994/2000：107；Halliday & Matthiessen 2004/2008：171，2014：215）。Thompson（2004/2008：100）提出这类过程具有心理过程和物质过程的特点。Martin et al.（2010：112）把这类过程当作及物性系统中的一种主要过程，同物质过程、心理过程以及关系过程并列。Fawcett（2010：101-106）将这类过程划分为一种心理认知过程。他提出这类过程中含有三个参与者角色：施事、受事–认知者和现象。在这类小句中，施事把信息传递给受事，受事在接收到信息后成为受事-认知者，传递的信息便是现象。他指出，这种划分方法的原因是告诉某人某事也就意味着使某人知道某事，即施事使受事-认知者知道了某种现象。这种划分方法有一定的道理，但过多地强调了过程的结果，而不是过程本身；并且该分类方法只描述了说话类过程，忽略了意指类过程。

由此可以看出，交流过程不仅具有其他过程类型的一些特点，还拥有自己独特的属性。交流过程小句中可能会涉及交流方（Communicator）、交流内容（Communicated）以及交流对象（Communicatee）等参与者角色。在使役交流过程小句中还会涉及施事。根据小句中参与者角色的结构配置，图6-1呈现了交流过程小句的系统网络。本章将逐一介绍系统网络中的各个构成类型。

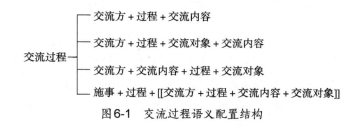

图6-1　交流过程语义配置结构

6.2　过程类型

6.2.1　交流方 + 过程 + 交流内容

此类交流过程主要用于表达意指类交流过程。该类型包括两个参与者角色，即交流方和交流内容。交流方指的是信息的传达者，在此类交流过程的语义配置结构中，交流方通常为无生命的物，如"手表"、"通知"、"标志"等。交流内容指的是被传递的信息内容。例如，在小句"手机显示有一个未接电话"中，"手机"是交流方，"显示"是过程，"有一个未接电话"是交流内容。常出现在本类型中的动词有"显示"、"写"、"说"、"称"、"警告"、"报道"、"表明"等，如下述各例所示：

（1）亮闪闪的铜牌子上 [Comr] 写 [Pro] 着 "帝王饭店" [Comd]。

（2）屏幕上 [Comr] 清晰地显示 [Pro]："今天距 2010 年 5 月 1 日上海世博会开幕，还有 2624 天" [Comd]。

（3）纸条上 [Comr] 写 [Pro] 着："为了健康，买你需要的药物。" [Comd]

（4）医院开具的通知书 [Comr] 却说 [Pro]："一般情况好，额颞部皱纹基本消失，右眼下睑轻度外翻。" [Comd]

（5）该报道 [Comr] 称 [Pro] 科学研究发现火星陨石中存在微量磁铁矿石 [Comd]。

（6）调查结果 [Comr] 显示 [Pro]，年龄在 21 岁至 35 岁之间的大学生占绝大多数 [Comd]。

（7）一个研究 [Comr] 表明 [Pro]，具有积极情绪的人比一般人更能忍受痛苦 [Comd]。

这类交流过程在人类日常生活中出现的频率较低，但例（5）至例（7）在新闻报道以及学术写作中比较常见。在此类小句中交流内容可以由名词词组表示，如例（1）所示；也可以由小句表示，包括简单小句和复合小句，如例（2）至例（7）所示。当交流内容由小句表达时，就是一个引述（a report of a text）。下节将更加详细地介绍引述。

6.2.2　交流方 + 过程 + 交流对象 + 交流内容

此类交流过程主要用于表达说话类的交流过程。除了交流方和交流内容，此类交流过程的语义配置结构中还包含了第三个参与者角色——交流对象。交流对象指的是信息的接受方。例如在小句"他告诉我他是越南老兵"中，"他"是交流方，"我"是交流对象，"他是越南老兵"是交流内容。在此类交流过程中，交流方和交流对象通常都指人，交流内容有多种表达方式，可以是名词词组所指的内容，也可以是由小句构成的引述。表达此类交流过程的常见动词有"告诉"、"问"、"讲"、"说"、"解释"、"传达"、"吐露"、"商量"、"讨论"、"警告"、"劝告"等，如下述各例所示：

（1）我 [Comr] 告诉 [Pro] 林格尔夫人 [Comee] 我的想法 [Comd]。

（2）临走前，她 [Comr] 又问 [Pro] 了他 [Comee] 几个问题 [Comd]。

（3）他 [Comr] 竟然能对 [PrEx] 我 [Comee] 说出 [Pro] 那样露骨的话 [Comd]。

（4）有时候李嘉诚 [Comr] 向 [PrEx] 他 [Comee] 询问 [Pro] 修表的技术 [Comd]。

（5）他 [Comr] 兴致勃勃地向 [PrEx] 我 [Comee] 解释 [Pro] 着每一个符号的意思 [Comd]。

（6）副总和部长们 [Comr] 很少向 [PrEx] 基层员工 [Comee] 传达 [Pro] 会议精神 [Comd]。

（7）后来苏乃喜 [Comr] 向 [PrEx] 父亲 [Comee] 吐露 [Pro] 了真情 [Comd]。

（8）于是，我们 [Comr/Comee] 商量 [Pro] 起结婚的事 [Comd]。

正如上文所说，此类交流过程中交流内容有多种表达方式。例（1）至例（8）中交流内容由名词词组表达。小句中交流对象常常由"对"、"向"等介词引出，这类介词在小句中充当过程延长成分，如例（3）至例（7）所示。需要注意的是，在例（8）中，"我们"既是交流方又是交流对象。

（9）父亲 [Comr] 告诉 [Pro] 他 [Comee]："这是在锻炼你，看你的应变能力。" [Comd]

（10）他 [Comr] 向 [PrEx] 父亲 [Comee] 请教 [Pro]："爸，这画上的人物是哪一位？" [Comd]

（11）我 [Comr] 警告 [Pro] 罗 [Comee]："如果做此决策，我不能负责。" [Comd]

（12）他 [Comr] 只是委婉地劝告 [Pro] 蒋介石 [Comee]："先等一等吧。" [Comd]

（13）马克思 [Comr] 说 [Pro]："人将围绕着自己的太阳旋转。" [Comd]

（14）他 [Comr] 真诚地对 [PrEx] 我 [Comee] 说 [Pro]，他不愿看到一颗新星殒落，因此愿助我一臂之力 [Comd]。

（15）我 [Comr] 马上问 [Pro] 他 [Comee]，到哪里去买这些题 [Comd]。

（16）乡长吕贤江 [Comr] 向 [PrEx] 我 [Comee] 解释 [Pro]，由于缺水严重，采取了统一协调、轮流灌溉的办法 [Comd]。

（17）邓小平同志 [Comr] 经常告诫 [Pro] 我们 [Comee]，教育者要先受教育 [Comd]。

（18）那时他跟罗曼·罗兰 [Comr/Comee] 讨论 [Pro] 过人生的终极目的是什么 [Comd]。

（19）大家 [Comr] 告诉 [Pro] 他 [Comee] 去买什么药，或去找哪个医生 [Comd]。

（20）不少同志 [Comr] 建议 [Pro] 他 [Comee] 去北戴河疗养 [Comd]。

除了由名词词组表达外，交流内容也可以由小句体现，即引述。引述有两种类型：直接引述（direct report）和间接引述（indirect report）。例（9）至例（13）中，交流内容为直接引述；例（14）至例（18）中，交流内容为间接引述。在构成引述的小句中，无论是直接引述还是间接引述，有时会含有隐性参与者角色，如例（12）、例（15）和例（16）所示。交流过程小句中也会出现隐性参与者角色，如例（13）中交流对象便是隐性参与者角色。同例（8）一样，例（18）中"罗曼·罗兰"是和"他"一同参与讨论的人，而非"他"的谈话对象，因此两者既是交流方也是交流对象。一般来说，交流过程用于询求或者给予信息，但有时交流过程可以用来要求交流对象采取某些行动，也就是告诉某人做某事，如例（19）和例（20）所示。

（21）党中央 [Comr] 再一次告诫 [Pro] 我们 [Comee]，如果不坚决开展反腐败斗争，腐败现象不能得到有效抑制和解决 [Comd]。

（22）但是实践和理论 [Comr] 都告诉 [Pro] 我们 [Comee]，教育与政治、经济的关系，决非是一种线性的因果关系 [Comd]。

（23）《学会生存》[Comr] 这样警告 [Pro] 人们 [Comee]："科学与技术既可以用来造福人类，也能危害人类，这是一个常识。" [Comd]

（24）引入家系的概念 [Comr] 则能够合理地解释 [Pro] 这些问题 [Comd]。

虽然大多情况下，交流过程中交流方是人，但有时小句中也会有其他类型的交流方，比如国家或组织、理论或经验、书名或文章题目以及某些事件等，如例（21）至例（24）所示。

6.2.3 交流方＋交流内容＋过程＋交流对象

此类交流过程与上节所讲内容相似，也主要用于表达说话类的交流过程，但在语义配置结构上交流内容出现在交流对象之前。在此类小句中，交流方和交流对象通常也都指人，但交流内容大多数情况下只能由名词词组表达。如在小句"他把这件事告诉了我"中，"他"是交流方，"这件事"是交流内容，"我"是交流对象。常出现在此类小句中的动词与上节所讲的相似，如下述各例所示：

（1）希伯斯 [Comr] 把 [PrEx] 他的发现 [Comd] 告诉 [Pro] 了老师 [Comee]。

（2）我 [Comr] 也要把 [PrEx] 这个故事 [Comd] 讲 [Pro] 给 [PrEx] 我军中的朋友们 [Comee]。

（3）可我 [Comr] 没把 [PrEx] 这番话 [Comd] 说 [Pro] 给 [PrEx] 他 [Comee]。

（4）他 [Comr] 便将 [PrEx] 此意 [Comd] 含蓄地吐露 [Pro] 给 [PrEx] 她 [Comee]。

（5）媒体 [Comr] 要尽可能多地将 [PrEx] 新闻 [Comd] 传达 [Pro] 给 [PrEx] 大众 [Comee]。

从上文可以看出，通常情况下，当交流内容由名词词组体现时，交流过程小句可以有上一小节和本小节所呈现的两种语义配置结构；当交流内容由小句体现时，交流过程小句一般情况下只能采用上一小节所讲的语义配置结构。

（6）a. 尼克松 [Comr] 在电报中高度赞扬 [Pro] 了宋子文 [Comd]。

b. 总理 [Comr] 高度赞扬 [Pro] 了他的爱国爱乡之心 [Comd]。

c. 许多人 [Comr] 赞扬 [Pro] 建筑系的展览让人眼界大开 [Comd]。

d. 失主们 [Comr] 通过市长热线电话向 [PrEx] 市领导 [Comee] 赞扬 [Pro] 他们 [Comd]。

上述四个例句描述了一种特殊的交流过程。在（6a）中，"宋子文"为交流内容，虽然"宋子文"是人，但确实为所传递的信息的主题，而非接受信息的对象。我们可以把这里的人换成物，如（6b）中所示，或者换成引述，如（6c）中所示，就可以看出在这里，（6a）中的人和（6b）与（6c）中的物和引述一样，都是交流内容。另外，在（6d）中，"市领导"才是信息的接受者，是交流对象，而"他们"与（6a）中的"宋子文"一样，是交流内容。表达这种交流过程的动词还包括"批评"、"骂"、"表扬"、"指控"等。

6.2.4　施事＋过程＋[[交流方＋过程＋交流内容＋交流对象]]

与其他类型的交流过程不同，使役交流过程小句包含三个部分，即施事、使役过程以及交流过程小句，交流过程小句作为一个嵌入小句，由施事通过使役过程启动。也就是说，施事启动了一个使役过程，过程的结果不是某个参与者角色，而是一个交流过程。例如在"他要求父母给他讲故事"这一小句中，"他"是施事，"要求"表达使役过程，"父母给他讲故事"是一个交流过程。这个交流过程受到使役过程的影响而产生，在句法上充当补语。表达使役过程的常见动词有"使"、"要求"、"阻止"、"允许"、"鼓励"等，如下述各例所示：

（1）一个人 [Ag] 怎么能使 [Pro] [[温度计 [Comr] 显示 [Pro] 发烧的度数 [Comd]]]？

（2）他 [Ag] 反复地要求 [Pro] [[父母 [Comr] 给 [PrEx] 他 [Comee] 讲 [Pro] 故事 [Comd]]]。

（3）他 [Ag] 阻止 [Pro] [[我 [Comr] 对 [PrEx] 你 [Comee] 说出 [Pro] 真相 [Comd]]]。

（4）教授 [Ag] 让 [Pro] [[人 [Comr] 告诉 [Pro] 服务处 [Comee]："这儿有一个来自向阳小学的人，他迷了路。" [Comd]]]

（5）别让 [Pro] [[其他人 [Comr] 告诉 [Pro] 你 [Comee] 该做什么 [Comd]]]。

（6）我 [Ag] 总是鼓励 [Pro] [[他们 [Comr] 问 [Pro] 想问的问题 [Comd]]]。

（7）她们 [Ag] 不允许 [Pro] [[我同她 [Comr/Comee] 说话 [Pro]]]。

（8）这种（元科学）知识 [Ag] 使 [Pro] [[我们 [Comr/Comee] 可以谈论 [Pro] 科学中的进步 [Comd]]]。

（9）佩纳罗沙雨点般的拳头落在对手身上 [Ag]，迫使 [Pro] [[裁判 [Comr] 宣布 [Pro] 终止比赛 [Comd]]]。

（10）应该让 [Pro] [[全体党员 [Comr] 批评 [Pro] 他 [Comd]]]。

上述各例中，交流过程表达一个嵌入的事件，由施事通过使役过程引起，是使役过程的结果。被引起的交流过程可以是一个意指类交流过程，如例（1），但这类情况较少；多数情况下被引起的交流过程为说话类交流过程，如例（2）至例（10）。

使役交流过程中的施事可以是人，如例（1）至例（4）以及例（6）、例（7）所示；可以是物，如例（8）所示；也可以是事件，如例（9）所示；还可以在小句中不出现，成为隐性参与者角色，如例（5）和例（10）所示。

6.3 小结

本章讨论了汉语及物性系统中的交流过程。交流过程描述了我们通过语言交流信息的经验，多用于表达说话类的交流，有时也用于表达意指类的交流。在交流过程小句中，交流方既可以是人，也可以是物；交流内容可以是由名词词组表示的人、物，或是由小句构成的直接引述和间接引述；交流对象通常是人，但有时在小句中被省略，成为隐性参与者角色。交流过程通常用于索取或给予信息，但有时也可用于提议某种行为，即告诉交流对象去做某事。交流过程虽然只构建了人类经验意义中的一小部分，但却是及物性系统中独特的、不可缺少的一种过程，体现出人类特有的运用语言的能力。

练习

1.请根据例子指出下列每个小句中的交流过程成分（包括过程延长成分）。

例：**便条上<u>写着</u>：早上的事我不生气。**

（1）保加利亚报纸报道，该国生活在贫困线以下的人数已占全国人口的40%。

（2）他问我多大岁数。

（3）他把这件事告诉他。

（4）吉林省委书记告诫"走读干部"们："要么搬家，要么免职！"

（5）他骂道："你懂什么！"

（6）你平日也常对我说他的好处。

（7）妈妈会给她讲故事。

（8）他们也诚恳地对我说："这已经是过去的事了。"

2.请根据例子画出下列每个小句的语义配置结构。

例：**<u>老记者</u> [Comr] <u>对</u> [PrEx] <u>我</u> [Comee] <u>说</u> [Pro]，<u>这两位肯定是联邦调查局的</u> [Comd]。**

（1）企业楼道里写着"为民族工业争光"。

（2）孔子说："其身正，不令而行，其身不正，虽令不从"。

（3）陈坚竭力促使潘文藻把要说的话说出来。

（4）我谨慎地向他们询问索米娅的消息。

（5）心理学告诉我们，孩子犯错是再正常不过的事。

（6）师傅让我们商量怎么才能避免这类错误。

（7）但是人家批评了他。

第七章
存在过程

7.1 引言

　　"存在"在语义上是一个较为广泛的概念，既可以用词汇的形式来表达，也可以用特定的句式来表达。动词"在"是专门用来表达"存在"意义的，如"一本书在桌子上"。"桌子上有一本书"也表达"存在"意义，但如果仅从意义出发也将其归为存在过程是不太合适的。纯粹以意义作为判断存在过程的标准所得到的句子在形式上缺乏统一性。本章从意义和形式相结合的角度界定了体现存在过程（现代汉语中的"存在句"或"存现句"）的小句，即形式上具有固定性结构的，表达"某处存在、出现某人或某物或者某人或某物消失"意义的小句。由于任何事物都存在于一定的时间和空间之中，所以这里的"某处"既可以指空间上的某地，也可以指时间上的某时。

　　这种很有特色的语言结构一直是汉语语法学界的关注中心之一。汉语学界对存在过程所研究的范围颇有争议，大致有以下两种声音：一部分人如张志公（1953）、陈庭珍（1957）、张学成（1982）等认为存在过程包含两种结构形式，即"某物存在于某处"和"某处存在某物"；另一部分人，如宋玉柱（1988）等认为存在过程是一个严格意义上的类别，只有符合"某处存在某物"这种结构形式的小句才是存在过程研究的对象。从系统功能语言学角度对汉语存在过程进行的研究仍较少见，主要有周晓康（1993）、胡壮麟（1999）和Halliday & McDonald（2004）等，他们分别将汉语中的存在句当作"地点型关系过程小句"、"存在过程小句"和"存在型关系过程小句"。

　　本书认为汉语中存在过程最常见的表达方式为"某处有某人或某物"和"某处是某人或某物"，即通过"有"字和"是"字描述存在过程。诸如此类的表达"原本存在"意义的过程称之为"静态存在过程"；除此之外，"动词＋着/了/过"也常用来表达存在过程，描述一种"从无到有"的存在状态，这类过程称之为"动态存在过程"。另外，以动词"有"字引起的存在句既可以描述静态的存在状态，如"有只鸟在树上"，也可以描述动态的存在状态，如"有一队士兵从那边走过来"。

传统汉语存在句的研究通常将其分为"A段"、"B段"和"C段"（参见范芳莲1963）三个部分，A段为表处所的方位词，B段为存在动词，C段为表存在物的名词。在本章的描述中，传统的"A段"、"B段"和"C段"被明确的语义标签替代，分别为"位置"、"过程"和"存在方"。Halliday & McDonald（2004）将存在过程句首的处所词语当作"环境成分"，而我们对此有不同看法。我们认为，无论是什么东西，它总是存在于某个地方，因此该处所词是小句不可或缺的成分，将其当作参与者角色"位置"（Location）更为合适。"位置"为存在过程所描述的具体方位；"过程"为存在过程的主要承载成分；"存在方"（Existent）为存在过程所描述的主体事物，既可以是人，也可以是物。

存在过程主要有三种基本语义配置结构，分别为"过程＋存在方"、"位置＋过程＋存在方"和"施事＋过程＋[[位置＋过程＋存在方]]"，如图7-1所示。下面各个小节将通过语料库实例逐个呈现具体的语义配置形式。

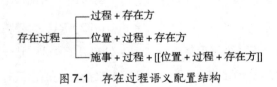

图7-1　存在过程语义配置结构

7.2　过程类型

7.2.1　过程＋存在方

该语义配置结构是较为特殊的存在小句，描述了"有某人或某物以动态或静态的方式存在于某处"的意义，通常以动词"有"引出，结构为"有+名词+动词"。对于这种结构的性质，汉语学界观点不一。黎锦熙（1924）把这种句式中的"有"称为领起主语的形容词，朱德熙（1982）认为"有一位客人来了"这种类似的句子从形式上看为无主句，从语义上看其逻辑主语为"一位客人"。大部分学者把这种句式看作"无主有字句"。

根据"意义决定形式，形式体现意义"的原则，我们认为判断一个小句的过程类型的依据应该是该小句主要动词所体现的意义，也就是说，这类小句的存在意义由动词"有"来表示。"存在方"不是狭义上的"某人或某物"，而是广义的事件，即"某物处于静态中"或"某物处于动态中"。从句法角度来讲，"存在方"由一个小句填充，描述"某人或某物"的实际状态，整个存在过程为无主句。如下述例子所示：

（1）有 [Pro] <u>很多人站在那儿</u> [Ext]。

（2）有 [Pro] <u>一份电报摊在餐桌上</u> [Ext]。

（3）有 [Pro] <u>一个人坐在靠窗的椅子上</u> [Ext]。

上面三个例子描述的均为静态的存在状态，"站"、"摊"和"坐"只表示了静止的状态，并不表示动作行为。句中的"存在方"实际为嵌入小句所表达的情形，即实际生活中的静态事件。另外，还有一些嵌入小句描述的是动态的存在方，如下面例子所示：

（4）有 [Pro] <u>一些人在那里闲荡</u> [Ext]。

（5）有 [Pro] <u>一些蚂蚁从干枯的树洞中钻出来</u> [Ext]。

（6）有 [Pro] <u>一只蝈蝈在树桠上爬着</u> [Ext]。

（7）有 [Pro] <u>一群鸟从天上飞过</u> [Ext]。

（8）有 [Pro] <u>一只小麻雀落在树桠上</u> [Ext]。

例（4）至例（8）的"存在方"均为动态的事件，从句法角度来看，由一个小句填充，该小句描述了动态的行为，因此整个小句描述动态的存在状态。在这些例子中，例（4）至例（6）描述的是持续性的动态事件，例（7）和例（8）描述的是瞬时性的动态事件。

　　需要注意的是，在这种结构中，"位置"参与者角色并不是不存在，而是"存在方"内置了存在意义。从某种程度上说，这个内置的"位置"角色能够让读者明白存在过程发生的位置。但如果没有语境做铺垫，便无法真正地确定存在过程发生的具体位置，因此可以说这种类型的存在过程是一种半明确的存在过程，其意义的表达离不开具体的语境。例如，在例（8）中，"在树桠上"并不是整个存在过程的"位置"，而是"落"这个动作的终止位置，整个存在过程的"位置"是不确定的，我们可以说"公园里有一只小麻雀落在树桠上"，也可以说"树林里有一只小麻雀落在树桠上"。这两个小句中的"公园里"和"树林里"才是存在过程真正的"位置"，具体分析详见下一小节。

7.2.2　位置＋过程＋存在方

　　此类存在过程的"位置"成分位于小句句首，是最常见的表达存在过程的结构，通常表达"某处存在某物"的意义。这类小句的"过程"成分通常由"有"、"是"、"存在"、"动词＋着/了/过"等形式来充当。根据动词的不同性质，这类存在过程可分为静态存在过程和动态存在过程两类。如下述各例所示：

（1）广西 [Loc] 有 [Pro] 个巴马地区 [Ext]，百岁老人特别多。

（2）操场上 [Loc] 有 [Pro] 一群赤膊打篮球的汉子 [Ext]。

（3）西边道外 [Loc] 是 [Pro] 一个大水坑 [Ext]，坑的周围 [Loc] 有 [Pro] 许多柳树 [Ext]。

（4）停车场旁边 [Loc] 是 [Pro] 新植的竹林 [Ext]。

（5）青龙县 [Loc] 位于华北地质断裂带上，确实存在 [Pro] 着地震的危险 [Ext]。

（6）门上 [Loc] 挂 [Pro] 着两把锁 [Ext]。

（7）桌子上 [Loc] 放 [Pro] 着一本书 [Ext]。

（8）门口 [Loc] 站 [Pro] 着一个人 [Ext]。

（9）他肩上 [Loc] 搭 [Pro] 了一条抹布 [Ext]。

（10）房间正中 [Loc] 摆 [Pro] 了一套三件装的泰国水牛皮沙发 [Ext]。

（11）大杂院里 [Loc] 先后住 [Pro] 过十几户人家 [Ext]。

（12）中国历史上 [Loc] 有 [Pro]过仓颉创造文字的传说 [Ext]。

（13）水面上 [Loc] 流动 [Pro] 着蔚蓝色的天光，白絮般的云朵 [Ext]。

（14）她白皙的脸庞上 [Loc] 闪耀 [Pro] 着一双明亮的眼睛 [Ext]。

（15）这50年大陆上 [Loc] 起 [Pro] 了翻天覆地的变化 [Ext]。

（16）她眼里 [Loc] 流下 [Pro] 了激动的泪水 [Ext]。

（17）山里 [Loc] 下 [Pro] 了一夜的雨 [Ext]。

（18）金水桥上 [Loc] 走 [Pro]过一批批身着美丽衣裳、精神饱满的人们 [Ext]。

（19）那灰暗的眼睛里 [Loc] 闪 [Pro]过一丝欢喜的光泽 [Ext]。

（20）这里 [Loc] 前不久也来 [Pro]过另外两个姑娘 [Ext]。

在上述例子中，例（1）至例（12）为静态存在小句，例（13）至例（20）为动态存在小句。需要注意的是，例（1）和例（2）中的"有"字与关系过程中的"有"字表达的意义并不相同，如下面两例所示：

（21）那里 [Posr] 有 [Pro] 很多好玩的地方 [Posd]。

（22）那里 [Loc] 有 [Pro] 一座山 [Ext]。

例（21）中的"有"表示所有意义，"那里"与"很多好玩的地方"是包含与被包含的关系，二者在一定程度上描述的是同一个地方。而例（22）所表示的意义为"一座山在那里"，没有"一座山"，"那里"仍然存在。"那里"只是"一座山"存在的"位置"。但在某些特殊情况下，"有"字既可以表达属有关系，也可以表达存在状态，如"北京有个天安门"既可以表示"天安门在北京"，也可以表示"天安门属于北京的一部分"。

"是"字表达过程意义时，除了用来表达存在意义之外，还能表达判断义、所有义和确认义（何伟、滑雪2013）。在进行语义分析时，最容易混淆的是表判断义的"是"与表存在义的"是"。区别两者最直接的方法是判断"是"字前后的两个参与者角色在调换位置之后语义是否仍然成立，如果不能成立，则"是"字表达存在意义。如例（23）可以表达为"人的一切活动的司令部是大脑",而例（24）不可表达为"驻军司令部就是山脚下"。

（23）大脑 [Ca] 是 [Pro] 人的一切活动的司令部 [At]。

（24）山脚下 [Loc] 就是 [Pro] 驻军司令部 [Ext]。

"动词＋着"形式表达的存在过程既可以是静态的，如例（5）至例（8）所示；也可以是动态的，如例（13）至例（14）所示。当"动词＋着"表静态存在意义时，动词不再表示动作行为，而和"着"搭配表示动作完成之后的结果状态；当"动词＋着"表动态存在意义时，动词所表达的瞬时性意义转变为持续性的动态意义。

同样，"动词＋了"形式表达的存在过程既可以是静态的，如例（9）至例（10）所示；也可以是动态的，如例（15）至例（17）所示。动态存在过程中动词后的"着"字和"了"字分别体现不同的意义，"动词＋着"强调动作的持续性和现时的状态，而"动词＋了"强调动作的完成性和已经发生了变化的状态。如下面两例中，例（25）强调现时的状态，而例（26）强调和以前相比，"现在有白杨树"。

（25）道路两旁种着几棵高大挺拔的白杨树。

（26）道路两旁种了几棵高大挺拔的白杨树。

"动词＋过"形式表达的存在过程通常为经历性的。这个结构既可以描述静态存在过程，如例（11）至例（12）所示；也可以描述动态存在过程，如例（18）至例（20）所示。

还有一些存在过程由单个的动词本身来表示，如"官府公座旁，各悬一剥皮实革之袋，使人触目惊心。"和"车箱为重构结构，上立一木人，引臂南指。"大多数情况下，由单个动词表示的存在句是存有歧义的，如"桌上放一本书"既可以理解为"桌上放着/了一本书"，也可以理解为"往桌上放置一本书"，因此在区分这种结构的意义时大多需要以语境为基础。

另外还有一些动词本身不能完整地表达存在意义，需要与一定的"过程延长成分"搭配使用。如下列各例所示：

（27）平静的河面上 [Loc] 悠悠地飘 [Pro] 过来 [PrEx] 一只小船 [Ext]。

（28）家里 [Loc] 突然闯 [Pro] 进 [PrEx] 了一只小猫咪 [Ext]，像孩子一样。

上面两个句子的"过程"成分均有"过程延长成分"作补充，这里的"过来"和"进"均表示动作移动的方向，为"趋向延长成分"。两个"方位"分别表示动态存在过程的"路径"和"目的地"。

7.2.3 施事 + 过程 + [[位置 + 过程 + 存在方]]

这种结构为典型的使役过程结构，描述的是在使役过程作用下产生的存在现象，也就是说，在一个外力的作用下，某"存在方"以静态的或动态的方式与某"位置"发生了联系。在这个结构中，"位置 + 过程 + 存在方"整体表达使役过程所产生的结果。表达使役过程的常见动词有"让"、"使"、"叫/教"、"迫使"等。具体示例如下：

（1）人流、物流、信息流 [Ag]，使 [Pro] [[这里 [Loc] 充满 [Pro]着现代气息 [Ext]]]。

（2）中国日新月异的变化 [Ag] 使 [Pro] [[他心里 [Loc] 涌起 [Pro] 了一种新鲜、刺激的职业冲动 [Ext]]]。

（3）现代科学技术的发展 [Ag] 使 [Pro] [[世界上 [Loc] 出现 [Pro] 了越来越多的转基因生物 [Ext]]]。

（4）她轻松地将1994年世界体操锦标赛高低杠项目的桂冠摘下，（这 [Ag]）让 [Pro] [[体育馆内 [Loc] 升起 [Pro] 了五星红旗 [Ext]]]。

（5）我 [Ag] 都尽量让 [Pro] [[自己的脸上 [Loc] 带着 [Pro] 微笑 [Ext]]]。

（6）操心和疲劳 [Ag] 让 [Pro] [[我的脸 [Loc] 挂 [Pro] 上 [PrEx] 了皱纹 [Ext]]]。

（7）要注意控制，（你 [Ag]）不能让 [Pro] [[豆腐上 [Loc] 长 [Pro] 了绿毛 [Ext]]]！

7.3 小结

本章界定了现代汉语及物性系统中存在过程的范围，并介绍了存在过程的基本语义配置结构。存在过程只表示"特定空间或时间下存在、出现某人或某物或者某人或某物消失"的经验意义，其他形式的"存在"意义不在本章的讨论范围之内。能够表达存在过程的结构包括所有以"有"字引发的表达存在意义的"有"字句和"位置＋过程＋存在方"结构的小句。另外还有一种使役过程作用下的存在过程，也属于存在过程所描述的范畴。"有"字存在过程的存在方较为特殊，为一种静态或动态的过程，由小句体现。"位置＋过程＋存在方"的存在过程最为常见，通常由"有"、"是"、"存在"、"动词＋着/了/过"等形式来表示，表达不同时间不同状态的存在意义。使役过程作用下的存在过程也体现了"位置＋过程＋存在方"这一语义配置结构。

练习

1.请根据例子指出下列每个小句中的存在过程成分（包括过程延长成分）。

例：**有**朵云**飘了过来**。

（1）有一只小鸟从树林里飞了出来。

（2）海滩上趴着大片晒日光浴的游客。

（3）门外有辆车。

（4）山里下了一夜的雨。

（5）她的脸上闪过一丝不快。

2.请根据例子指出下列每个小句中的"存在方"成分。

例：这奇妙的景象让他心里涌起了<u>一种无以言说的情感</u>。

（1）有人从那里经过。

（2）有一群小孩子坐在那里。

（3）操场旁边是新建的宿舍楼。

（4）工厂大门上搭着一件半旧的工作服。

（5）山里下了一夜的雨。

（6）这个原因让豆瓣上有非常多样的人群在里面活动。

3.请根据例子画出下列每个小句的语义配置结构。

　　例：<u>有</u> [Pro] <u>一艘船从海上飘过来</u> [Ext]。

（1）有一个人站在那里。

（2）窗外就是满眼的绿色。

（3）那里有悠久的历史。

（4）水面上流动着蔚蓝色的天光。

（5）平地起高楼。

（6）这里住过一位伟人。

（7）我都尽量让自己的脸上带着微笑。

第八章
气象过程

8.1 引言

前面几章详细讨论了现代汉语中的几种主要过程，这一章将主要介绍汉语中一类较为特殊的经验意义过程——气象过程。Eriksen et al.（2010）认为有三种语言类型可以表达天气意义：谓语、论元以及谓语和论元共同表达。从系统功能语言学角度来讲，这三种方式分别指过程表达天气意义、参与者角色表达天气意义以及过程和参与者角色共同表达天气意义。从本质上来讲，天气现象并不是一种动作，而是一种自行发生的事件，不需要任何参与者角色，因此气象过程是没有明确的参与者角色的。在小句"天下雨了"中，"天"并不是真正的参与者角色，因为这句话实际表达的意义更倾向于"雨从天上下来了"，也就是说这里的参与者角色并没有明确的所指。

虽然气象意义可以由多重过程类型来表达，本书根据Halliday & Matthiessen（2014：213-216）对过程类型分类的标准，将气象过程小句定义为仅通过过程来表达天气意义的小句类型。在现代汉语中，气象过程通常由"过程"成分和"过程延长成分"来表达。

8.2 过程 + 过程延长成分

汉语气象过程小句数量十分有限，主要有如下几种类型：

（1）下 [Pro] 雨 [PrEx] 了。

（2）下 [Pro] 雪 [PrEx] 了。

（3）刮/起 [Pro] 风 [PrEx] 了。

（4）打/响 [Pro] 雷 [PrEx] 了。

（5）起 [Pro] 雾 [PrEx] 了。

　　在上述例子中，"雨"、"雪"、"风"、"雷"、"雾"等不能看作是气象过程的参与者角色，主要有两重原因。从一方面来讲，这些词虽然可以说参与了"下"、"刮/起"、"打/响"和"起"等过程，但从本质上来说它们并没有具体的所指。而在与其他参与者角色搭配使用时，"下"、"刮/起"、"打/响"和"起"有明确的、具体的指向。例如，在"他下了一个命令"这句话中，"他"和"命令"在现实生活中都有具体的所指，人们能够指出具体是"哪个他"和"什么命令"，因此这两者均为参与者角色。同样，"老区打了一口井"中的"井"也具有指向性和识别性，是"打"这个过程的参与者角色。而"下雨了"和"打雷了"中的"雨"和"雷"并不能指向哪滴"雨"或者哪声"雷"。也就是说，"雨"、"雪"、"风"、"雷"、"雾"等并不是特定的参与者角色，而是已经与过程融为一体，成为气象事件不可分割的一部分。再者，人们很难确定这些词所代表的语义角色，气象过程本身是一种不受控制的现象，既不直接作用于其他物体或事件，也不受其他物体或事件的影响。比如在"下雨"这个过程中，"雨"既没有做任何事，也没有受其他物体或事件的影响，这与典型的只有一个参与者角色的小句有很大区别。例如在"她下来了"这句话中，"她"本身具有特定的语义功能，充当"下"这个动作过程的"施事"，因此"她"是这个动作过程的参与者角色。

　　但值得注意的是，在"雨下得很大"、"风刮得很猛"等类似小句中，"雨"和"风"均为小句的参与者角色，因为此时小句描述的是"雨下"和"风刮"的状况，"雨"和"风"均为动作过程的施事，"很大"和"很猛"为过程延长成分，对过程意义给予一定的补充。

　　以上描述了气象过程最基本的语义配置结构，但在实际应用中，由于这些过程所表达的语义十分有限，不能满足人们对复杂气象的描述需求，因此人们通常通过隐喻的方式来表达气象意义。常见的表达气象意义的过程类型包括动作过程、关系过程和存在过程。如下述各例所示：

（6）雨 [Ag] 下 [Pro] 得 [PrEx1] 很大 [PrEx2]。

（7）风 [Ag] 刮 [Pro] 得 [PrEx1] 很猛 [PrEx2]。

（8）强冷空气 [Ag] 将袭击 [Pro] 我国大部地区 [Af]。

（9）气温 [Ca] 今年来将首次突破 [Pro] 30 ℃ [At]。

（10）今天风力 [Ca] 三到四级 [Pro-At]。

（11）10 月底至 11 月雨雪 [Ca] 连绵 [Pro-At]，影响了收购进度。

（12）部分地区 [Loc] 有 [Pro] 中到大雨 [Ext]，并伴有雷暴。

（13）北方地区 [Loc] 将陆续出现 [Pro] 大风降温天气 [Ext]。

　　上述例子中，例（6）至例（8）为动作过程表达的气象现象，例（9）至例（11）为关系过程表达的气象现象，例（12）和例（13）为存在过程表达的气象现象。此处需要说明一点：例（1）和例（3）中的"雨"和"风"都不是参与者角色，而例（6）和例（7）中的"雨"和"风"则是参与者角色。例（6）和例（7）分别描述的是"雨下得怎么样"和"风刮得怎么样"这两种状况，"雨"和"风"均为动作过程的施事，"很大"和"很猛"为过程延长成分，对过程意义给予一定的补充。另外，在这两个例句中引出过程延长成分的"得"字，也可以分析为一个过程延长成分，有关这一点，我们已在 4.2.3 小节中讲过，此处不再赘述。

8.3　小结

　　本章是整个汉语及物性系统网络的最后一部分，描述了气象过程的语义配置结构。气象过程是一种特殊的过程类型，主要通过"过程 + 过程延长成分"表示，没有参与者角色。但在实际应用中，这类典型的气象过程不能满足人们对气象意义进行表征的需求，因此，常见的表达气象意义的过程类型还包括动作过程、关系过程和存在过程。

练习

1. 请根据例子画出下列每个小句的语义配置结构。

例：<u>下</u> [Pro] <u>大雨</u> [PrEx] 了！

（1）突然刮起了五级大风。

（2）下起了鹅毛大雪。

（3）响起惊雷。

（4）下了寒霜。

（5）起雾了。

2.请根据例子指出下列表达气象意义的小句类型并画出其语义配置结构。

例：<u>PM2.5值</u> [Ca] <u>为</u> [Pro] <u>230</u> [At]。（关系过程）

（1）局部地区有九级大风。

（2）大雨倾盆而下。

（3）冰雹袭击了整个江南地区。

（4）西部地区将出现大风降温天气。

（5）冷空气向南移动。

第九章
语篇分析

9.1 引言

前面各个章节主要通过小句示例，对汉语及物性系统网络中的七种主要过程类型及每个类型下的子类型逐一进行了分析。这些过程类型共同构建了一个汉语及物性系统网络。但对于小句语义配置结构的分析，并不是搭建语义系统网络的最终目的。正如 Halliday（1994/2000）所说，创建系统功能语言学的目的之一，是提供一个既能用于口头语篇分析，又能用于书面语篇分析的理论框架。所以，本书所构建的汉语及物性系统网络，其最终目的也是服务于语篇分析，促进并加深我们对语篇的理解。因此，本章将节选三个不同体裁的语篇，基于我们创建的语义系统网络，对语篇中的小句过程类型、语义角色类型给予全面分析，并对过程类型数量进行统计分析，阐述过程类型与语篇特征之间的关系，向读者呈现一个全方位、深层次的汉语语义产生机制。

9.2 实例一

荷塘月色[1]

这几天<u>心里</u> [Ca] 颇不宁静 [Pro-At]（关系过程）。今晚在院子里（[Ag]）坐着<u>乘凉</u> [Pro]（动作过程），（[Cog]）忽然<u>想起</u> [Pro] <u>日日走过的荷塘</u> [Ph]（心理过程），在这满月的光里，（[Posr]）总该另有 [Pro] <u>一番样子</u> [Posd] 吧（关系过程）。<u>月亮</u> [Ag]渐渐地<u>升高</u> [Pro] 了（动作过程），<u>墙外马路上孩子</u>

1 选自朱自清，2013，《笙歌唱尽，阑珊处孤独向晚》。北京：北京理工大学出版社。84-85。

们的欢笑 [Ph]，（[Em]）已经听 [Pro] 不见 [PrEx] 了（心理过程）；妻 [Ag] 在屋里拍着 [Pro] 闰儿 [Af]（动作过程），（[Behr]）迷迷糊糊地哼着 [Pro] 眠歌 [Ra]（行为过程）。我 [Ag]悄悄地披 [Pro] 了大衫 [Af]（动作过程），（[Ag]）带 [Pro]上 [PrEx] 门 [Af]（动作过程）（[Ag]）出去 [Pro]（动作过程）。

沿着荷塘 [Loc]，是 [Pro] 一条曲折的小煤屑路 [Ext]（存在过程）。这 [Ca] 是 [Pro] 一条幽僻的路 [At]（关系过程）；（[Ca]）白天也少人走 [Pro-At]（关系过程），（[Ca]）夜晚更加寂寞 [Pro-At]（关系过程）。荷塘四周 [Loc]，长着 [Pro] 许多树 [Ext]（存在过程），（[Ca]）蓊蓊郁郁的 [Pro-At]（关系过程）。路的一旁 [Loc]，是 [Pro] 些杨柳，和一些不知道名字的树 [Ext]（存在过程）。没有月光的晚上，这路上 [Ca] 阴森森的 [Pro-At]（关系过程），（[Ca]）有些怕人 [Pro-At]（关系过程）。（[Ca]）今晚却很好 [Pro-At]（关系过程），虽然月光 [Ca]也还是 [Pro] 淡淡的 [At]（关系过程）。

路上 [Loc]只（[Pro]）我一个人 [Ext]（存在过程），（[Ag]）背着手踱着 [Pro]（动作过程）。这一片天地 [Posd]好像是 [Pro] 我的 [Posr]（关系过程）；我 [Ca]也像 [Pro] 超出了平常的自己 [At]（关系过程），（[Ag]）到 [Pro] 了另一个世界里 [Des]（动作过程）。我 [Em] 爱 [Pro] 热闹 [Ph]（心理过程），（[Em]）也爱 [Pro] 宁静 [Ph]（心理过程）；（[Em]）爱 [Pro] 群居 [Ph]（心理过程），（[Em]）也爱 [Pro] 独处 [Ph]（心理过程）。像今晚上，一个人 [Cog] 在这苍茫的月下，什么 [Ph] 都可以想 [Pro]（心理过程），（[Cog]）什么 [Ph] 都可以不想 [Pro]（心理过程），（[Em]）便觉 [Pro] [[（[Ca]）是 [Pro] 个自由的人 [At]（关系过程）]] [Ph]（心理过程）。白天里一定要做的事，一定要说的话 [Af]，（[Ag]）现在都可不理 [Pro]（动作过程）。这 [Tk] 是 [Pro] 独处的妙处 [Vl]（关系过程），我 [Em]且受用 [Pro] 这无边的荷香月色 [Ph]好了（心理过程）。

曲曲折折的荷塘上面，弥望的 [Vl]是 [Pro] 田田的叶子 [Tk]（关系过程）。叶子出水 [Ca] 很高 [Pro-At]（关系过程），（[Ca]）像 [Pro] 亭亭的舞女的裙 [At]（关系过程）。层层的叶子中间 [Loc]，零星地点缀 [Pro] 着 [PrEx] 些白花 [Ext]（存在过程），有 [Pro] 袅娜地开着的 [Ext]（存在过程），有 [Pro] 羞涩地打着朵儿的 [Ext]（存在过程）；（[Ca]）正如 [Pro] 一粒粒的明珠 [At]

（关系过程），（[Ca]）又如 [Pro] 碧天里的星星 [At]（关系过程），（[Ca]）又如 [Pro] 刚出浴的美人 [At]（关系过程）。微风过处，（[Ag]）送来 [Pro] 缕缕清香 [Af]（动作过程），（[Ca]）仿佛 [Pro] 远处高楼上渺茫的歌声 [At] 似的 [PrEx]（关系过程）。这时候叶子与花 [Posr] 也有 [Pro] 一丝的颤动 [Posd]（关系过程），（[Ca]）像 [Pro] 闪电般 [At]（关系过程），（[Ag]）霎时传过 [Pro] 荷塘的那边 [Dir: Pa] 去 [PrEx] 了（动作过程）。叶子 [Ca] 本是 [Pro] 肩并肩密密地挨着 [At]（关系过程），这 [Ca] 便宛然有 [Pro] 了一道凝碧的波痕 [At]（关系过程）。叶子底下 [Loc] 是 [Pro] 脉脉的流水 [Ext]（存在过程），（[Af]）遮住 [Pro] 了（动作过程），（[Perc]）不能见 [Pro] 一些颜色 [Ph]（心理过程）；而叶子 [Ca] 却更见 [Pro] 风致 [At] 了（关系过程）。

……

表 9-1　不同过程在文中所占数量及所占比例

过程类型：	所占比例：
动作过程：12	20.69%
心理过程：11	18.97%
关系过程：26	44.83%
行为过程：1	1.72%
交流过程：0	0%
存在过程：8	13.79%
气象过程：0	0%
过程总数：58	比例：100%

　　上述语料选自朱自清的《荷塘月色》，主要描绘了作者夜晚在荷塘边漫步，月光之下，荷塘与荷塘中的月色相互映衬、完美交融的景色。从上表可以看出，在所节选的段落中，关系过程的数量占主导地位，其次分别为动作过程和心理过程，再其次为存在过程，只有一处涉及行为过程，没有涉及交流过程和气象过程。这主要是因为《荷塘月色》本身就是一个重在描写月下荷塘景色的散文，天气状况没有什么变化，作者一人独自漫步荷塘边，没有交流对象，也不侧重于描绘作者自己的行为。

在节选的段落中，动作过程主要集中在散文开头，描写作者在去荷塘前的一系列准备。而到了荷塘之后，零星的动作过程基本都是在描写微风、流水、月光。这种在对细腻的、静态的自然景色的描写中，纳入对自然景观动态的描写手法，使景观"静"中有"动"，"动"中有"静"，荷塘月色的灵动之美也跃然纸上。

这篇散文中，作者并不是简单地描绘客观世界的自然美景，他还借景抒情，抒发其内心世界淡淡的忧愁。作者之所以去荷塘，是因为他"心里颇不宁静"，所以在初到荷塘时，难免不能沉浸景色之中；渐渐地，受到荷塘宁静之美的影响，作者达到了抽身事外、忘怀心事的状态。所以心理过程也占据了一定的比例。

关系过程在本文占主导地位，而这些关系过程中又以归属过程为主。归属过程本身就用来描写载体持久的或暂时的特征、性质等。本文是一篇重在写景的散文，必然要对客观世界的载体——月亮、荷叶、荷花、杨柳、流水等各自独特的美进行细腻的描绘。

自然景色的美，不但在于美得有特点，有时它的存在本身就是一种美。这也解释了本文为什么有若干存在过程。

9.2　实例二

开关电源的控制装置[1]

该种控制装置的动态响应速度 [Ca] 快 [Pro-At]（关系过程），抗干扰能力 [Ca] 强 [Pro-At]（关系过程），适用范围 [Ca] 广 [Pro-At]（关系过程），（[Ag]）并能自动实现 [Pro] 电路的过流保护 [Af]（动作过程），（[Ca]）便于 [Pro] [[电源并联（[Af]）使用 [Pro]（动作过程）]] [At]（关系过程），输出电压 [Ca] 稳定 [Pro-At]（关系过程）。

开关电源的控制装置 [Ca] 包括 [Pro] [[（[Ag]）用误差放大器对 [PrEx] 开关电源的输出电压和一基准电压 [Ra] 进行 [Pro] 比较 [PrEx]（动作过程）

1　来源、改编自：http://www.cdip.gov.cn/ReadNews.asp?NewsID=10750。

（[Ag]）获得 [Pro] 误差信号 [Af]（动作过程）；再（[Ag]）由比较器对该误差信号与输出端电压检测电路检测出的电压检测信号 [Ra] 进行 [Pro] 比较 [PrEx]（动作过程），（[Ag]）获得 [Pro] 控制信号 [Af]（动作过程），（[Ag]）以控制 [Pro] 开关电源的脉宽 [Af]（动作过程）（[Ag]）产生 [Pro] 电路 [Cre]（动作过程）、（[Ag]）产生 [Pro] 脉宽信号 [Cre]（动作过程），（[Ag]）并进而控制 [Pro] 开关装置的通、断 [Af]（动作过程）]] [At]（关系过程）。其结构特点 [Tk] 为 [Pro]：[[输出端电压检测电路 [Cor1] 与开关电源中的电流检测电路 [Cor2] 在比较器的输入端相连迭加 [Pro]（关系过程），从而（[Ag]）在电压检测信号中迭加上 [Pro] 开关电源中的电流检测信号 [Af]（动作过程）]] [Vl]（关系过程）。

　　开关电源中的电流检测电路 [Vl] 为 [Pro] 负载电流的检测电路或开关装置的开关电流的检测电路或变压器装置电流的检测电路 [Tk]（关系过程）。内反馈环 [Ag] 采用 [Pro] 输出电压的电压检测信号和取自于开关电源中的电流检测信号的迭加 [Af]（动作过程），在内反馈环中（[Ag]）引入 [Pro] 了电流反馈 [Af]（动作过程），因此它 [Posr] 比现有技术具有 [Pro] 更快的响应速度，更好的抗干扰能力 [Posd]（关系过程）。对于输出电压的纹波中没有电感电流纹波上升沿部分的升压变换器，由于（[Ag]）迭加 [Pro] 了电感电流的上升沿信号 [Af]（动作过程），故（[Ag]）仍然能对 [PrEx] 其 [Af] 进行 [Pro] 控制 [PrEx]（动作过程），（[Ag]）使得 [Pro] [[本实用新型 [Ca] [[适用性 [Ca] 更广 [Pro-At]（关系过程）]][Pro-At]（关系过程）]]（使役关系过程），（[Ag]）（[Pro]）[[（[Ca]）可用于 [Pro] 各种变换器构成的开关电源 [At]（关系过程）]]（使役关系过程）。并且（[Ag]）引入 [Pro] 电流检测反馈信号 [Af]（动作过程），电路 [Ag] 可以自动实现 [Pro] 过流保护 [Af]（动作过程），（[Ca]）便于 [Pro] 开关电源的并联使用 [At]（关系过程）。时域仿真结果 [Tk] 也证明 [Pro]：[[本实用新型 [Ca] 比现有技术的输出阻抗更低 [Pro-At]（关系过程），（[Posr]）对负载电流的扰动具有 [Pro] 更强的抑制能力 [Posd]（关系过程）；低频时，本实用新型的装置"输入–输出"增益 [Ca] 比现有技术低 [Pro-At]（关系过程），而高频时的增益 [Cor1] 与 [PrEx] 现有技术 [Cor2] 相似 [Pro]

（关系过程），因此（[Posr]）对输入电压的波动<u>具有</u> [Pro]<u>较好的抑制能力</u>
[Posd]（关系过程）]] [Vl]（关系过程）。

表 9-2　不同过程在文中所占数量及所占比例

过程类型：	所占比例：
动作过程：17	43.59%
心理过程：0	0%
关系过程：22	56.41%
行为过程：0	0%
交流过程：0	0%
存在过程：0	0%
气象过程：0	0%
过程总数：39	比例：100%

　　这篇文章是一篇简短的科技文章，描述了一种开关电源的控制装置，主要介绍了该控制装置的结构特点、工作原理以及整体优势等内容。通过表9-2可知，这篇文章中只出现了两种过程类型——关系过程和动作过程。关系过程出现的次数最多，占56.41%，动作过程出现的次数比关系过程略少，占43.59%。文章中没有出现心理过程、行为过程、交流过程、存在过程和气象过程。

　　关系过程首先集中出现在文章的第一段，这些关系过程属于归属关系过程，用于概括地介绍这种控制装置的总体特点，比如"响应速度快"、"抗干扰能力强"以及"适用范围广"等特性。第二段结尾处也出现了几处关系过程，用来描述该装置的结构特点。

　　动作过程首先集中出现在第二段，用于介绍控制装置的工作原理。这一组动作过程一步步地呈现出该控制装置的工作流程，描述了该控制装置如何获得误差信号和控制信号，进而控制脉宽，产生电路和脉宽信号，最终控制开关装置的连通和切断。

　　关系过程和动作过程在第三段也多次出现，这两种过程在本段前半部分分散、交叉出现。动作过程描述装置中使用的特殊技术和设计，关系过程描述了该种技术或设计赋予装置的某种特点。动作过程和关系过程交叉出现的组合方式既呼应了文章开头第一段对装置总体特点的介绍，又详细、逐一地给出了形成这些特点的原因，结构合理，条理清晰。第三段的后半部分介绍了装置时域仿真后的实验结果，集中采用关系过程描述了与现有技术相比，该控制装置对电流扰动和电压波动具有更强的抑制能力，既体现出装置的优势和先进性，也呼应了上文"输出电压稳定"的特点。

文章中的动作过程小句多采用隐性施事，省略的施事所指大多为装置本身，有时也指装置的设计者或使用者。在科技文章中，这类施事所在的小句主要用于描述实验步骤或设备工作流程等客观事实，其所指显而易见，因此在科技文章中无需明确每个小句中的施事，将施事变为隐性参与者角色可以使文章更加简洁明了。除此之外，在本文的一些关系过程中，当载体所指为该装置时，为了使文章简明，载体也多被处理为隐性参与者角色。

文章仅采用动作过程和关系过程，对开关电源的控制装置的原理和特性进行了客观的介绍，没有采用主观性较强的心理过程和交流过程，体现了科技文本客观性和科学性的特点。

9.3　实例三[1]

在她临死之前，病重的时候，我 [Ag]还曾吓 [Pro] 了她 [Af] 一跳 [PrEx]（动作过程）。有一次她自己一个人 [Ag]坐在炕上熬 [Pro] 药 [Af]（动作过程），药壶 [Ca]是坐 [Pro] 在炭火盆上 [Loc]（关系过程），因为屋里 [Ca]特别的寂静 [Pro-At]（关系过程），（[Perc]）听得见 [Pro] [[那药壶 [Ag] 咕噜咕噜地响 [Pro]（动作过程）]] [Ph]（心理过程）。祖母 [Posr] 住 [Pro]着两间房 [Posd]（关系过程），（Ca）是 [Pro] 里外屋 [At]（关系过程），恰巧外屋 [Loc]也没有 [Pro] 人 [Ext]（存在过程），里屋 [Loc]也没（[Pro]）人 [Ext]（存在过程），（[Loc]）就是 [Pro] 她自己 [Ext]（存在过程）。我 [Ag] 把 [PrEx] 门 [Af]一开 [Pro]（动作过程），祖母 [Perc]并没有看见 [Pro] 我 [Ph]（心理过程），于是

---

1 选自萧红，2014，《呼兰河传》。南京：译林出版社。77-78。

我 [Ag] 就用拳头在板隔壁上，咚咚地打 [Pro] 了两拳 [PrEx]（动作过程）。我 [Perc] 听见 [Pro] 祖母“哟”的一声 [Ph]（心理过程），铁火钳子 [Af-Ca] 就掉 [Pro] 了地上 [Loc] 了（关系过程）。

我（[Perc]）再 [[（[Behr]）探头 [Pro]（行为过程）]] 一望 [Pro]（[Ph]）（心理过程），祖母 [Comr] 就骂 [Pro] 起 [PrEx] 我 [Comd] 来 [PrEx]（交流过程）。她 [Ag] 好像就要下地 [Pro]（动作过程）[[来（[Ag]）追 [Pro] 我 [Af] 似的 [PrEx]（动作过程）]]。我 [Behr] 就一边笑 [Pro] 着（行为过程），一边（[Ag]）跑 [Pro] 了（动作过程）。

我 [Ag] 这样地吓唬 [Pro] 祖母 [Af]（动作过程），（[Ag]）也不是向 [PrEx] 她 [Af] 报仇 [Pro]（动作过程），那时我 [Ca] 才五岁 [Pro-At]（关系过程），（[Cog]）是不晓得 [Pro] 什么 [Ph] 的（心理过程）。（[Cog]）也许觉得 [Pro] [[这样 [Ca] 好玩 [Pro-At]（关系过程）]] [Ph]（心理过程）。

祖父 [Ca] 一天到晚是闲着 [Pro-At] 的（关系过程），祖母 [Ag] 什么工作 [Af-Posd] 也不分配 [Pro] 给 [PrEx] 他 [Af-Posr]（动作过程）。只有 [Pro] 一件事 [Ext]（存在过程），就是祖母的地櫈上的摆设 [Loc]，有 [Pro] 一套锡器 [Ext]（存在过程），（[Af]）却总是祖父 [Ag] 擦 [Pro] 的（动作过程）。（[Cog]）这可不知道 [Pro] [[是祖母 [Ag] 派给 [Pro] 他 [Af] 的（动作过程），还是他 [Desr] 自动的愿意 [Pro] 工作 [Ph]（心理过程）]] [Ph]（心理过程），每当祖父一擦的时候，我 [Em] 就不高兴 [Pro]（心理过程），一方面是（[Ag]）不能领 [Pro] 着 [[我 [Ag] 到后园里去玩 [Pro] 了（动作过程）]]（使役动作过程），另一方面祖父 [Comd] 因此常常挨骂 [Pro]（[Comr]）（交流过程），祖母 [Comr] 骂 [Pro] 他 [Comee] 懒 [Comd]（交流过程），（[Comr]）骂 [Pro] 他 [Comee] [[（[Ag]）（[Af]）擦 [Pro] 的不干净 [PrEx]（动作过程）]] [Comd]（交流过程）。祖母 [Comr] 一骂 [Pro] 祖父 [Comd] 的时候（交流过程），（[Cog]）就常常不知 [Pro][[（[Comr]）为什么连我 [Comd] 也骂上 [Pro]（交流过程）]] [Ph]（心理过程）。

祖母 [Comr] 一骂 [Pro] 祖父 [Comd]（交流过程），我 [Ag] 就 [[（[Ag]）拉 [Pro] 着祖父的手 [Af]（动作过程）]] 往外边走 [Pro]（动作过程），（[Comr]）

一边说 [Pro]：[["我们" [Ag-Ca] 后园里 [Dir: Des] 去 [Pro] 吧（动作过程）。"]] [Comd]（交流过程）

也许因此祖母 [Comr] 也骂 [Pro] 了我 [Comd]（交流过程）。

她 [Comr] 骂 [Pro] 祖父 [Comee] [[（[Ca]）是 [Pro] "死脑瓜骨" [At]（关系过程）]] [Comd]（交流过程），（[Comr]）骂 [Pro] 我 [Comee] [[（[Ca]）是 [Pro] "小死脑瓜骨" [At]（关系过程）]] [Comd]（交流过程）。

我 [Ag] 拉 [Pro] 着祖父 [Af]（动作过程）（[Ag-Ca]）就到后园里 [Dir: Des] 去 [Pro] 了（动作过程），一（[Ag-Ca]）到 [Pro] 了后园 [Dir: Des] 里（动作过程），立刻就另（[Ca]）是 [Pro] 一个世界 [At] 了（关系过程）。[Tk]）决不是 [Pro] 那房子里的狭窄的世界 [Vl]（关系过程），（[Ca]）而是 [Pro] 宽广 [At] 的（关系过程），人和天地 [Cor1-Cor2] 在 [Pro] 一起 [PrEx]（关系过程），天地 [Ca] 是 [Pro] 多么大，多么远 [At]（关系过程），（[Perc]）用手摸 [Pro] 不到 [PrEx] 天空 [Ph]。（心理过程）

表9-3　不同过程在文中所占数量及所占比例

过程类型：	所占比例：
动作过程：22	33.33%
心理过程：11	16.67%
关系过程：15	22.72%
行为过程：2	3.03%
交流过程：11	16.67%
存在过程：5	7.58%
气象过程：0	0%
过程总数：66	比例：100%

本段选自萧红的自传体小说《呼兰河传》，作者以第一人称的笔触追忆了家乡的各种人物和生活画面。从上表的数据中可以看出，该选段中动作过程所占比例最高，关系过程次之，接着是心理过程和交流过程，出现了少量

存在过程和行为过程，没有出现气象过程。

在该选段中共有三个主要人物出现——"我"、"祖父"和"祖母"。第一段和第二段主要回忆了"我"与"祖母"之间的一些互动。以"我"和"祖母"为"施事"的动作过程和行为过程占据了主要篇幅，穿插其中的关系过程和存在过程则交代了事件发生的场景，为小说的发展做铺垫。第三段是一个过渡段，以"我"为"感受者"的心理过程讲述了作者对"祖母"的感情，是对上文场景的回顾和升华，并为下文引出"我"、"祖母"和"祖父"三人之间的互动埋下伏笔。第四段开头部分以"关系过程——动作过程——存在过程——动作过程"这一系列变化的过程道出了"祖父"的人物特点以及"祖父"与"祖母"间的人际关系。接下来"我"的一个心理过程的介入，既表达出了"我"对"祖父"和"祖母"不同的情感，也自然而然地引出了下文的祖孙三人之间的一段互动和交流。在这段互动中，交流过程占据了主要地位，"祖母"作为主要"交流方"，牵引着情节的发展，也反映了"祖母"是一个相对强势的角色，是三人关系的主导者。最后一段三个动作过程引导读者跟随作者和"祖父"进入另一个场景，并从接下来的五个关系过程中体会到作者所描述的另一重世界，"载体"的省略巧妙地为读者留下了想象的空间，再加上抽象的"属性"成分，共同营造了一个引人遐想的世外桃源。最后以"我"为"感知者"的心理过程作结尾，实现了小说人物与环境的相互融合，营造了一个完整的场景。

总的来说，以第一人称为主的动作过程、心理过程和关系过程的巧妙安排使这篇文章读起来十分流畅和优美，人物代入和场景切换不着痕迹，大量的交流过程则呈现出了人物之间的互动。这些过程的使用完美地融合了小说三要素——人物形象、故事情节和环境，使文章具有了很强的故事性和可读性。

9.4 小结

本章通过对几篇文章的实例分析，清晰地呈现了不同语篇中每个小句的参与者角色类型，以及它们之间语义配置的方式。一个小句的语义，不是某个参与者角色独立实现的，而是所有参与者角色共同实现的一种意义潜势。一个语篇的文本特点，又由语篇内每个小句的语义过程类型及数量共同体现。通过上述语篇的分析可以看出，过程是及物性系统中体现语篇特征的主要机制之一，不同类型、不同主题的语篇，小句的过程类型及占比各有差异，过程与语篇形式之间关系紧密。这也充分体现了系统功能语言学的一个主导思想——形式是意义的体现，意义是通过一定的形式来表达的。

练习

1.请分析下面散文中小句的语义角色和过程类型。

海上的日出[1]

为了看日出，我常常早起。那时天还没有大亮，周围非常清静，船上只有机器的响声。

天空还是一片浅蓝，颜色很浅。转眼间天边出现了一道红霞，慢慢地在扩大它的范围，加强它的亮光。我知道太阳要从天边升起来了，便不转眼地望着那里。

果然过了一会儿，在那个地方出现了太阳的小半边脸，红是真红，却没有亮光。这个太阳好像负着重荷似的，一步一步、慢慢地努力上升，到了最后，终于冲破了云霞，完全跳出了海面，颜色红得非常可爱。一刹那间，这个深红的圆东西，忽然发出了夺目的亮光，射得人眼睛发痛，它旁边的云片也突然有了光彩。

有时太阳走进了云堆中，它的光线却从云里射下来，直射到水面上。这时候要分辨出哪里是水，哪里是天，倒也不容易，因为我就只看见一片灿烂的亮光。

有时天边有黑云，而且云片很厚，太阳出来，人眼还看不见。然而太阳在黑云里放射的光芒，透过黑云的重围，替黑云镶了一道发光的金边。后来

---

1 选自巴金，2016，《短章》。北京：中国青年出版社。7-8。

太阳才慢慢地冲出重围，出现在天空，甚至把黑云也染成了紫色或者红色。这时候发亮的不仅是太阳、云和海水，连我自己也成了明亮的了。

这不是很伟大的奇观么？

2.请分析下面新闻报道中小句的语义角色和过程类型。

德国失事客机载150人恐全遇难　已发现残骸[1]

2015-03-24 21:53:31　　来源：中国日报网　作者：小唐

中国日报网3月24日电　综合外媒报道，德国之翼航空公司一架A320客机24日在法国南部阿尔卑斯山区坠毁，机载150人，包括144名乘客和6名机组人员。法国总统奥朗德称，恐机上人员全部丧生。在法国巴斯洛内特附近大片区域发现了散落在地的飞机残骸。

这架客机当地时间10点01分从西班牙巴塞罗那起飞，比预定9点36分晚了25分。据飞行日志数据，飞机起飞约35分后在11582米高空曾发出"7700"求救信号。而"7700"为飞机驾驶员应答机代码，即为"遇到紧急情况"。而法国内政部说，飞机在10点47分发出过呼救信号，但是没有提供详细信息。

坠机地点是山区，从图片看上去白雪皑皑，分析称搜救面临很大困难。法国地区委员会主管埃里克·乔蒂称，搜救队已经赶到事发地附近。

奥朗德获悉后说，从坠机地点的情况分析，恐怕没有生还者，并称坠机地点很难进入，奥朗德还说他已经联系过德国首相默克尔，对坠机事件表达他的同情。

西班牙首相拉霍伊说，失事航班上有许多西班牙人、德国人和土耳其人。西班牙副首相称，据信坠毁客机上有45名乘客是西班牙人。

失事客机的航班号是4U 9525，往返西班牙巴塞罗那与德国杜塞尔多夫之间。这条航线此前安全记录良好，没有事故报告。这架坠毁客机空客已经飞行了24年。

---

1 来源、改编自：http://news.163.com/15/0324/21/ALGK6ABJ00014SEH_all.html。

3.请分析下面书信[1]中小句的语义角色和过程类型。

　　亲爱的孩子，八月二十日报告的喜讯使我们心中说不出的欢喜和兴奋。你在人生的旅途中踏上一个新的阶段，开始负起新的责任来，我们要祝贺你，祝福你，鼓励你。希望你拿出像对待音乐艺术一样的毅力、信心、虔诚，来学习人生艺术中最高深的一课。但愿你将来在这一门艺术中得到像你在音乐艺术中一样的成功！发生什么疑难或苦闷，随时向一二个正直而有经验的中、老年人讨教，（你在伦敦已有一年八个月，也该有这样的老成的朋友吧？）深思熟虑，然后决定，切勿单凭一时冲动：只要你能做到这几点，我们也就放心了。

　　对终身伴侣的要求，正如对人生一切的要求一样不能太苛。事情总有正反两面：追得你太迫切了，你觉得负担重；追得不紧了，又觉得不够热烈。温柔的人有时会显得懦弱，刚强了又近乎专制。幻想多了未免不切实际，能干的管家太太又觉得俗气。只有长处没有短处的人在哪儿呢？世界上究竟有没有十全十美的人或事物呢？抚躬自问，自己又完美到什么程度呢？这一类的问题想必你考虑过不止一次。我觉得最主要的还是本质的善良，天性的温厚，开阔的胸襟。有了这三样，其他都可以逐渐培养；而且有了这三样，将来即使遇到大大小小的风波也不致变成悲剧。做艺术家的妻子比做任何人的妻子都难；你要不预先明白这一点，即使你知道"责人太严，责己太宽"，也不容易学会明哲、体贴、容忍。只要能代你解决生活琐事，同时对你的事业感到兴趣就行，对学问的钻研等等暂时不必期望过奢，还得看你们婚后的生活如何。眼前双方先学习相互的尊重、谅解、宽容。

---

1 选自傅雷、朱梅馥、傅聪著，傅敏编，2016，《傅雷家书》。南京：译林出版社。163-164。

答案

第一章

1. 参考1.1小节。

2. 参考1.3.3小节。

3. 参考1.6小节。

第二章

1.

（1）昆虫早在三亿年以前就<u>飞翔</u>在空中了。

（2）王云录不会<u>吹牛</u>。

（3）许多人来<u>找</u>我。

（4）公园里每天早晨都有许多人<u>唱戏</u>。

（5）我们曾<u>路过</u>安徽省淮北平原上的一个村庄。

（6）风将荒漠中的粉沙、尘土<u>搬运</u>到沙漠的边缘。

（7）艺术将现实中无数令人困惑的重要问题<u>揭示</u>给公众。

（8）孙某已把丙烯酰胺晶体生产技术<u>泄露</u>给河南一家公司。

2.

（1）义务教育由此而诞生。（唯创造物动作过程）

（2）我们走到了湖北省黄冈县。（双参与者角色动作过程）

（3）一个教授向学生展示一个不透明的玻璃瓶。（三参与者角色动作过程）

（4）水星的高温使一些低熔点金属熔化。（使役动作过程）

（5）电影工作者也把镜头对准了改革时代的现实生活。（三参与者角色动作过程）

（6）老乡们待我们很亲热。（三参与者角色动作过程）

（7）眼科集团几年来多次派专家赴包头。（使役动作过程）

（8）革命仍未成功。（唯受事动作过程）

3.

（1）整台节目 [Ra] 演 [Pro] 完 [PrEx] 了。

（2）老团长 [Ag] 命令 [Pro] [[司机小王 [Ag] 摇 [Pro] 下 [PrEx] 车窗 [Af]]]。

（3）美国的学者们 [Ag] 在1952年成立 [Pro] 了语言学与心理学委员会 [Cre]。

（4）（[Ag]）用 [PrEx] 冷水 [Af-Ca] 灌 [Pro] 满 [PrEx] 了瓶腹 [Af-Dir: Af-Des]。

（5）于是宋老太太的遗体 [Af-Ca] 由青岛 [Dir: So] 运到 [Pro] 上海 [Dir: Des]。

（6）他们 [Ag] 在单位表现 [Pro] 得一本正经 [Ma]。

（7）他 [Ag] 在锗晶体上 [Dir: Des] 放置 [Pro] 了一枚固定针和一枚探针 [Af-Ca]。

（8）网络 [Ag] 带给 [Pro] 老年人 [Af-Posr] 又一个春天 [Af-Posd]。

第三章

1.

（1）此时此刻，她激动不已。

（2）他对股票特别着迷。

（3）离得太近叫人很紧张。

（4）她很想去看一看。

（5）这个场景让我感觉很亲切。

（6）我刚刚酝酿了一下情绪。

（7）他的表情让人不禁怀疑他说的话的真实性。

2.

（1）我不能容忍这种事情。（情感过程）

（2）你气死我了。（情感过程）

（3）他们憧憬着拥有新的开始。（意愿过程）

（4）这一件件事，老人们都看在眼里。（感知过程）

（5）记者听到了一个"英雄断臂"的故事。（感知过程）

（6）我静静地听着，盘算着如何答复他。（认知过程）

（7）他打算等到天亮再出发。（认知过程）

（8）这件事使我真正地认识到，一个人最大的敌人就是自己。（认知过程）

3.

（1）我 [Em] 今天特别兴奋 [Pro]。

（2）唱歌 [Ag] 让 [Pro] [[我 [Em] 感觉 [Pro] 特别兴奋 [PrEx]]]。

（3）她 [Desr] 渴望 [Pro] 和一个人携手共度此生 [Ph]。

（4）大家 [Ag-Perc] 特地品尝 [Pro] 了天津当地的风味小吃 [Ph]。

（5）我 [Af-Perc] 曾从电视里看到 [Pro] 过有关艾滋病的报道 [Ph]。

（6）我 [Ag-Cog] 要用三年时间好好研究 [Pro] 一下 [PrEx] 这个课题 [Ph]。

（7）你 [Ag] 最好别让 [Pro] [[我 [Cog] 怀疑 [Pro] 你 [Ph]]]。

第四章

1.

（1）这项成果归他。

（2）秦岭横亘陕西省中部偏南。

（3）教育目的具有阶级性。

（4）文学的媚俗现象，牵扯到纯文学和俗文学。

（5）八卦每卦各象征着宇宙中一定的事物。

（6）博物馆坐落于大教堂的左侧。

（7）我们不会让他成为一个娇生惯养的孩子。

（8）这条路不止通向健康、朝气蓬勃、充满活力，而且通向自尊。

2.

（1）我是最大的受益者。（识别过程）

（2）汉语有它自身无穷的魅力。（拥有过程）

（3）它们栖息在50平方千米的范围内。（位置过程）

（4）学生的行为和家长的言传身教紧密相关。（关联过程）

（5）1958年，全省第一条铁路通到省会贵阳。（方向过程）

（6）社会教育涉及社会生活的方方面面。（关联过程）

（7）20多年的监狱生活使他变成了另一个人。（使役归属过程）

（8）19世纪50年代前，日本还是一个闭关锁国的封建国家。（归属过程）

3.

（1）人家 [Ag] 让 [Pro] [[我 [Ca] 呆 [Pro] 在院子里 [Loc]]]。

（2）她的个头 [Ca] 一米五八 [Pro-At]。

（3）文艺复兴以后的局面 [Ca] 很像 [Pro] 我们的战国时代 [At]。

（4）惠普文化 [Ag] 总能让 [Pro] [[惠普的人 [Posr] 保持 [Pro] 自知之明 [Posd]]]。

（5）生物圈的空间范围 [Ca] 也首次由 [PrEx] 海洋 [So] 伸向 [Pro] 陆地 [Des]。

（6）棕榈滩上的一块地 [Ca]1923年值 [Pro] 80万美元 [At]。

（7）当时的音乐家 [Posd] 只能附属 [Pro] 于 [PrEx] 宫廷或教堂 [Posr]。

（8）原有的营销方式 [Cor1] 无法适应 [Pro] 企业在网络上发展的需求 [Cor2]。

第五章

1.

（1）孩子一直在咳嗽。

（2）你就可以自由地呼吸了。

（3）手在微微发抖。

（4）她发狂似的大叫大喊。

（5）晚饭后，大家在一处闲谈。

（6）她狐疑地皱眉头。

（7）我又梦见了你。

（8）爸爸一直叹气。

2.

（1）她 [Behr]冲我笑 [Pro]着。

（2）杨麟 [Behr]突然大笑 [Pro]。

（3）我 [Behr]当年都没哭 [Pro]。

（4）他的声音 [Ag]让 [Pro] [[所有人 [Behr]战栗 [Pro]]]。

（5）空调机 [Behr]在后面轰轰响 [Pro]着。

（6）公爵夫人 [Behr]不住地絮叨 [Pro]。

（7）胡樵 [Behr]瞪 [Pro]着他 [Ra]。

（8）一次次化疗 [Ag]使 [Pro] [[他 [Behr]经常呕吐 [Pro]]]。

第六章

1.

（1）保加利亚报纸报道，该国生活在贫困线以下的人数已占全国人口的40%。

（2）他问我多大岁数。

（3）他把这件事告诉他。

（4）吉林省委书记告诫"走读干部"们："要么搬家，要么免职！"

（5）他骂道："你懂什么！"

（6）你平日也常对我说他的好处。

（7）妈妈会给她讲故事。

（8）他们也诚恳地对我说："这已经是过去的事了。"

2.

（1）企业楼道里 [Comr]写 [Pro]着"为民族工业争光" [Comd]。

（2）孔子 [Comr]说 [Pro]："其身正，不令而行，其身不正，虽令不从。" [Comd]

（3）陈坚 [Ag]竭力促使 [Pro] [[潘文藻 [Comr]把 [PrEx] 要说的话 [Comd]说 [Pro]出来 [PrEx]]]。

（4）我 [Comr] 谨慎地向 [PrEx] 他们 [Comee] 询问 [Pro] 索米娅的消息 [Comd]。

（5）心理学 [Comr] 告诉 [Pro] 我们 [Comee]，孩子犯错是再正常不过 的事 [Comd]。

（6）师傅 [Ag]让 [Pro] [[我们 [Comr/Comee] 商量 [Pro] 怎么才能避免 这类错误 [Comd]]]。

（7）但是人家 [Comr]批评 [Pro] 了他 [Comd]。

第七章

1.

（1）有一只小鸟从树林里飞了出来。

（2）海滩上趴着大片晒日光浴的游客。

（3）门外有辆车。

（4）山里下了一夜的雨。

（5）她的脸上闪过一丝不快。

2.

（1）有人从那里经过。

（2）有一群小孩子坐在那里。

（3）操场旁边是新建的宿舍楼。

（4）工厂大门上搭着一件半旧的工作服。

（5）山里下了一夜的雨。

（6）这个原因让豆瓣上有非常多样的人群在里面活动。

3.

（1）有 [Pro] 一个人站在那里 [Ext]。

（2）窗外 [Loc]就是 [Pro] 满眼的绿色 [Ext]。

（3）那里 [Loc]有 [Pro] 悠久的历史 [Ext]。

（4）水面上 [Loc] 流动 [Pro]着蔚蓝色的天光 [Ext]。

（5）平地 [Loc] 起 [Pro] 高楼 [Ext]。

（6）这里 [Loc] 住 [Pro]过一位伟人 [Ext]。

（7）我 [Ag]都尽量让 [Pro] [[自己的脸上 [Loc] 带 [Pro]着微笑 [Ext]]]。

第八章

1.

（1）突然刮 [Pro]起了五级大风 [PrEx]。

（2）下 [Pro]起了鹅毛大雪 [PrEx]。

（3）响 [Pro]起惊雷 [PrEx]。

（4）下 [Pro]了寒霜 [PrEx]。

（5）起 [Pro] 雾 [PrEx] 了。

2.

（1）局部地区 [Loc] 有 [Pro] 九级大风 [Ext]。（存在过程）

（2）大雨 [Ag] 倾盆而下 [Pro]。（动作过程）

（3）冰雹 [Ag] 袭击 [Pro]了整个江南地区 [Af]。（动作过程）

（4）西部地区 [Loc] 将出现 [Pro] 大风降温天气 [Ext]。（存在过程）

（5）冷空气 [Ag]向南移动 [Pro]。（动作过程）

第九章

1.

海上的日出

[[为了（[Perc]）看 [Pro] 日出 [Ph]（心理过程）]]，我 [Ag]常常早起 [Pro]（动作过程）。那时天 [Ca]还没有大亮 [Pro-At]（关系过程），周围 [Ca]非常清静 [Pro-At]（关系过程），船上 [Posr]只有 [Pro] 机器的响声 [Posd]（关系过程）。

天空 [Ca]还是 [Pro] 一片浅蓝 [At]（关系过程），颜色 [Ca]很浅 [Pro-At]（关系过程）。转眼间天边 [Loc] 出现 [Pro] 了一道红霞 [Ext]（存在过程），（[Ag]）慢慢地在扩大 [Pro] 它的范围 [Af]（动作过程），（[Ag]）加强 [Pro] 它的亮光 [Af]（动作过程）。我 [Cog] 知道 [Pro] [[太阳 [Ag]要从天边升

[Pro] 起来 [PrEx] 了（动作过程）]] [Ph]（心理过程），（[Cog]）便不转眼地望 [Pro] 着那里 [Ph]（心理过程）。

果然过了一会儿，在那个地方 [Loc] 出现 [Pro] 了太阳的小半边脸 [Ext]（存在过程），红 [Ca] 是 [Pro] 真红 [At]（关系过程），（[Posr]）却没有 [Pro] 亮光 [Posd]（关系过程）。这个太阳 [Posr] 好像负着 [Pro] 重荷 [Posd] 似的 [PrEx]（关系过程），（[Ag]）一步一步、慢慢地努力上升 [Pro]（动作过程），到了最后，（[Ag]）终于冲破 [Pro] 了云霞 [Af]（动作过程），（[Ag]）完全跳出 [Pro] 了海面 [Ra]（动作过程），颜色 [Ca] 红得非常可爱 [Pro-At]（关系过程）。一刹那间，这个深红的圆东西 [Ag]，忽然发出 [Pro] 了夺目的亮光 [Cre]（动作过程），（[Ag]）射 [Pro] 得 [PrEx] [[人 [Ca] 眼睛发痛 [Pro-At]（关系过程）]] [PrEx]（动作过程），它旁边的云片 [Posr] 也突然有 [Pro] 了光彩 [Posd]（关系过程）。

有时太阳 [Ag] 走 [Pro] 进 [PrEx] 了云堆中 [Ra]（动作过程），它的光线 [Ag] 却从云里射 [Pro] 下来 [PrEx]（动作过程），（[Ag]）直射 [Pro] 到 [PrEx] 水面上 [Af]（动作过程）。（[Cog]）这时候要分辨 [Pro] 出 [PrEx] [[哪里 [Loc] 是 [Pro] 水 [Ca]（关系过程），哪里 [Loc] 是 [Pro] 天 [Ca]（关系过程）]] [Ph]（心理过程），（[Ca]）倒也不容易 [Pro-At]（关系过程），因为我 [Perc] 就只看见 [Pro] 一片灿烂的亮光 [Ph]（心理过程）。

有时天边 [Loc] 有 [Pro] 黑云 [Ext]（存在过程），而且云片 [Ca] 很厚 [Pro-At]（关系过程），太阳 [Ag] 出来 [Pro]（动作过程），人眼 [Perc] 还看 [Pro] 不见 [PrEx]（心理过程）。然而太阳在黑云里放射的光芒 [Ag]，透过 [Pro] 黑云的重围 [Af]（动作过程），（[Ag]）替黑云镶 [Pro] 了一道发光的金边 [Cre]（动作过程）。后来太阳 [Ag] 才慢慢地冲出 [Pro] 重围 [Af]（动作过程），（[Ag]）出现 [Pro] 在天空 [Loc]（动作过程），甚至把 [PrEx] 黑云 [Ca] 也染成 [Pro] 了紫色或者红色 [At]（关系过程）。这时候发亮的 [Vl] 不仅是 [Pro] 太阳、云和海水 [Tk]（关系过程），连我自己 [Ca] 也成 [Pro] 了明亮的 [At] 了（关系过程）。

这 [Tk] 不是 [Pro] 很伟大的奇观 [Vl] 么（关系过程）？

2.

德国失事客机载150人恐全遇难　已发现残骸

2015-03-24 21:53:31　　来源：中国日报网　作者：小唐

中国日报网3月24日电　综合外媒 [Comr] 报道 [Pro]，[[德国之翼航空公司一架A320客机 [Af] 24日在法国南部阿尔卑斯山区坠毁 [Pro]（动作过程），机 [Posr] 载 [Pro] 150人 [Posd]（关系过程），（[Ca]）包括 [Pro] 144名乘客和6名机组人员 [At]（关系过程）]] [Comd]（交流过程）。法国总统奥朗德 [Comr] 称 [Pro]，[[恐机上人员 [Af] 全部丧生 [Pro]（动作过程）]] [Comd]（交流过程）。在法国巴斯洛内特附近大片区域（[Ag]）发现 [Pro] 了散落在地的飞机残骸 [Af]（动作过程）。

这架客机 [Ag] 当地时间10点01分从西班牙巴塞罗那起飞 [Pro]（动作过程），（[Ca]）比预定9点36分晚了25分 [Pro-At]（关系过程）。据飞行日志数据，飞机 [Ag] 起飞 [Pro]（动作过程）约35分后（[Ag]）在11582米高空曾发出 [Pro]"7700"求救信号 [Af]（动作过程）。而 "7700" [Tk] 为 [Pro] 飞机驾驶员应答机代码 [Vl]（关系过程），（[Tk]）即为 [Pro] "遇到紧急情况" [Vl]（关系过程）。而法国内政部 [Comr] 说 [Pro]，[[飞机 [Ag] 在10点47分发出 [Pro] 过呼救信号 [Af]（动作过程），但是（[Ag]）没有提供 [Pro] 详细信息 [Af-Posd]（[Af-Posr]）（动作过程）]] [Comd]（交流过程）。

坠机地点 [Ca] 是 [Pro] 山区 [At]（关系过程），（[Ca]）从图片看上去 [Pro] 白雪皑皑 [At]（关系过程），分析 [Comr] 称 [Pro] [[搜救 [Posr] 面临 [Pro] 很大困难 [Posd]（关系过程）]] [Comd]（交流过程）。法国地区委员会主管埃里克·乔蒂 [Comr] 称 [Pro]，[[搜救队 [Ag-Ca] 已经赶到 [Pro] 事发地附近 [Dir: Des]（动作过程）]] [Comd]（交流过程）。

奥朗德 [Ag-Cog] 获悉 [Pro]（[Ph]）（心理过程）后（[Comr]）说 [Pro]，[[从坠机地点的情况（[Cog]）分析 [Pro]（[Ph]）（心理过程），恐怕没有 [Pro] 生还者 [Ext]（存在过程）]] [Comd]（交流过程），（[Comr]）并称 [Pro] [[坠机地点 [Dir: Des] 很难（[Ag-Ca]）进入 [Pro]（动作过程）]] [Comd]（交流过程），奥朗德 [Comr] 还说 [Pro] [[他 [Comr] 已经联系 [Pro] 过德国首相默克尔

[Comee]（交流过程），（[Comr]）对坠机事件表达 [Pro] <u>他的同情</u> [Comd]（交流过程）]] [Comd]（交流过程）。

　　<u>西班牙首相拉霍伊</u> [Comr]<u>说</u> [Pro]，[[<u>失事航班上</u> [Loc] <u>有</u> [Pro] <u>许多</u><u>西班牙人、德国人和土耳其人</u> [Ext]（存在过程）]] [Comd]（交流过程）。<u>西班牙副首相</u> [Comr] <u>称</u> [Pro]，[[<u>据信坠毁客机上</u> [Loc] <u>有</u> [Pro] [[<u>45名乘</u><u>客</u> [Ca]<u>是</u> [Pro] <u>西班牙人</u> [At]（关系过程）]] [Ext]（存在过程）]] [Comd]（交流过程）。

　　<u>失事客机的航班号</u> [Vl] <u>是</u> [Pro] <u>4U 9525</u> [Tk]（关系过程），（[Ag-Ca]）<u>往返</u> [Pro] <u>西班牙巴塞罗那与德国杜塞尔多夫之间</u> [Dir: Pa]（动作过程）。<u>这</u><u>条航线</u> [Ca]此前 [[<u>安全记录</u> [Ca] <u>良好</u> [Pro-At]（关系过程）]] [Pro-At]（关系过程），（[Posr]）<u>没有</u> [Pro] <u>事故报告</u> [Posd]（关系过程）。<u>这架坠毁客机空</u><u>客</u> [Ag]已经<u>飞行</u> [Pro] 了<u>24 年</u> [PrEx]（动作过程）。

3.

　　亲爱的孩子，<u>八月二十日报告的喜讯</u> [Ag] <u>使</u> [Pro] [[<u>我们心中</u> [Posr]（[Pro]）<u>说不出的欢喜和兴奋</u> [Posd]（关系过程）]]（使役关系过程）。<u>你</u> [Ag-Ca]<u>在人生的旅途中踏上</u> [Pro] <u>一个新的阶段</u> [Dir: Des]（动作过程），（[Ag]）<u>开始负</u> [Pro] <u>起</u> [PrEx] <u>新的责任</u> [Af] <u>来</u> [PrEx]（动作过程），<u>我们</u> [Ag]要<u>祝贺</u> [Pro] <u>你</u> [Af]（动作过程），（[Ag]）<u>祝福</u> [Pro] <u>你</u> [Af]（动作过程），（[Ag]）<u>鼓励</u> [Pro] <u>你</u> [Af]（动作过程）。（[Desr]）<u>希望</u> [Pro] [[<u>你</u> [Ag] <u>拿出</u> [Pro] <u>像对待音乐艺术一样的毅力、信心、虔诚</u> [Af]（动作过程），（[Cog]）<u>来学习</u> [Pro] <u>人生艺术中最高深的一课</u> [Ph]（心理过程）]] [Ph]（心理过程）。（[Desr]）<u>但愿</u> [Pro] [[<u>你</u> [Ag] 将来在这一门艺术中<u>得到</u> [Pro] <u>像你在音乐艺术</u><u>中一样的成功</u> [Af]（动作过程）]] [Ph]（心理过程）！<u>发生</u> [Pro] <u>什么疑难或</u><u>苦闷</u> [Af]（动作过程），（[Comr]）随时<u>向</u> [PrEx] <u>一二个正直而有经验的中、</u><u>老年人</u> [Comee] <u>讨教</u> [Pro]（交流过程），（<u>你在伦敦</u> [Ca]<u>已有</u> [Pro] <u>一年八个</u><u>月</u> [At]（关系过程），（[Posr]）<u>也该有</u> [Pro] <u>这样的老成的朋友</u> [Posd]吧（关系过程）？）（[Cog]）<u>深思熟虑</u> [Pro]（[Ph]）（心理过程），（[Cog]）然后<u>决</u><u>定</u> [Pro]（[Ph]）（心理过程），（[Cor1]）<u>切勿单凭</u> [Pro] <u>一时冲动</u> [Cor2]（关

系过程）：只要<u>你</u> [Ag] 能<u>做到</u> [Pro] <u>这几点</u> [Af]（动作过程），<u>我们</u> [Em] 也就<u>放心</u> [Pro] 了（心理过程）。

  <u>对终身伴侣的要求</u> [Ca]，正如对人生一切的要求一样不能<u>太苛</u> [Pro-At]（关系过程）。<u>事情</u> [Posr] 总<u>有</u> [Pro] <u>正反两面</u> [Posd]（关系过程）：（[Ag]）<u>追</u> [Pro] <u>得</u> [PrEx] <u>你</u> [Af] <u>太迫切</u> [PrEx] 了（动作过程），<u>你</u> [Em] <u>觉得</u> [Pro] [[<u>负担</u> [Ca] <u>重</u> [Pro-At]（关系过程）]] [Ph]（心理过程）；（[Ag]）<u>追</u> [Pro] <u>得</u> [PrEx]（[Af]）<u>不紧</u> [PrEx] 了（动作过程），（[Em]）又<u>觉得</u> [Pro] [[（[Ca]）<u>不够热烈</u> [Pro-At]（关系过程）]] [Ph]（心理过程）。<u>温柔的人</u> [Ca] 有时会<u>显得</u> [Pro] <u>懦弱</u> [At]（关系过程），（[Ca]）<u>刚强</u> [Pro]（关系过程）了（[Ca]）又<u>近乎</u> [Pro] <u>专制</u> [At]（关系过程）。（[Cog]）<u>幻想</u> [Pro]（[Ph]）多了（心理过程）（[Ca]）未免（[Pro]）<u>不切实际</u> [At]（关系过程），[[<u>能干的管家太太</u> [Ca]……]]（[Cog]）又<u>觉得</u> [Pro] [[……<u>俗气</u> [Pro-At]（关系过程）]] [Ph]（心理过程）。<u>只有长处没有短处的人</u> [Ca] <u>在哪儿</u> [Pro-At] 呢（关系过程）？<u>世界上</u> [Loc] 究竟有没有 [Pro] <u>十全十美的人或事物</u> [Ext] 呢（存在过程）？（[Comr]）<u>抚躬自问</u> [Pro]，[[<u>自己</u> [Ca] 又完美 [Pro-At] <u>到什么程度</u> [PrEx] 呢（关系过程）]][Comd]（交流过程）？<u>这一类的问题</u> [Ph] 想必<u>你</u> [Cog] <u>考虑</u> [Pro] 过<u>不止一次</u> [PrEx]（心理过程）。我 [Cog] <u>觉得</u> [Pro] [[<u>最主要的</u> [Vl] 还是 [Pro] <u>本质的善良，天性的温厚，开阔的胸襟</u> [Tk]（关系过程）]] [Ph]（心理过程）。（[Posr]）<u>有</u> [Pro] 了<u>这三样</u> [Posd]（关系过程），（[Ag]）<u>其他</u> [Af] 都可以逐渐<u>培养</u> [Pro]（动作过程）；而且（[Posr]）<u>有</u> [Pro] 了<u>这三样</u> [Posd]（关系过程），（[Ag]）将来即使<u>遇到</u> [Pro] <u>大大小小的风波</u> [Af]（动作过程）（[Ca]）也不致<u>变成</u> [Pro] <u>悲剧</u> [At]（关系过程）。<u>做艺术家的妻子</u> [Ca] <u>比做任何人的妻子都难</u> [Pro-At]（关系过程）；<u>你</u> [Cog] 要不预先<u>明白</u> [Pro] <u>这一点</u> [Ph]（心理过程），即使<u>你</u> [Cog] <u>知道</u> [Pro] <u>"责人太严，责己太宽"</u> [Ph]（心理过程），（[Cog]）也不容易<u>学会</u> [Pro] <u>明哲、体贴、容忍</u> [Ph]（心理过程）。（[Ag]）只要能代你<u>解决</u> [Pro] <u>生活琐事</u> [Af]（动作过程），（[Perc]）同时<u>对</u> [PrEx] <u>你的事业</u> [Ph] <u>感到</u> [Pro] <u>兴趣</u> [PrEx] 就行（心理过程），（[Desr]）<u>对</u> [PrEx]

学问的钻研等等 [Ph]暂时不必期望 [Pro]过奢（心理过程），（[Cog]）还得看 [Pro][[你们婚后的生活 [Ca] 如何 [Pro-At]（关系过程）]] [Ph]（心理过程）。眼前双方 [Cog]先学习 [Pro] 相互的尊重、谅解、宽容 [Ph]（心理过程）。

参考文献

Bloor, T. & Bloor, M. 2004. *The Functional Analysis of English: A Hallidayan Approach* (2nd ed.). London: Arnold.

Eggins, S. 2004. *An Introduction to Systemic Functional Linguisitcs* (2nd ed.). London: Continuum.

Eriksen, P., Kittilä, S. & Kolehmainen, L. 2010. The linguistics of weather: Cross-linguistic patterns of meteorological expressions. *Studies in Language* 34 (3): 565-601.

Fawcett, R. P. 1980. *Cognitive Linguistics and Social Interaction: Towards an Integrated Model of a Systemic Functional Grammar and the Other Components of a Communicating Mind.* Heidelberg: Julius Groos.

Fawcett, R. P. 1987. The Semantics of clause and verb for relational processes in English. In Halliday, M. A. K. & Fawcett, R. P. (eds.). *New Developments in Systemic Linguistics: Theory and Description.* London: Pinter. 130-183.

Fawcett, R. P. 2000. In place of Halliday's "verbal group", Part 1: Evidence from the problems of Halliday's representations and the relative simplicity of the proposed alternative. *Word* 51 (2):157-203.

Fawcett, R. P. 2008. *Invitation to Systemic Functional Linguistics through the Cardiff Grammar:An Extension and Simplif.* London: Equinox.

Fawcett, R. P. 2010. *How to Analyze Participant Roles and So Processes in English.* Handbook for MA students of linguistics in University of Science and Technology Beijing.

Fawcett, R. P. Forthcoming. *The Functional Semantics Handbook: Analyzing English at the Level of Meaning.* London: Equinox.

Gwilliams, L. & Fontaine, L. 2015. Indeterminacy in process type classification. *Functional Linguistics* 2 (1): 8-27.

Halliday, M. A. K. 1961. Categories of the theory of grammar. *Word* (17): 241-292.

Halliday, M. A. K. 1964/1976. English system networks. Course given at Indiana University, 1964. Reprinted in Halliday, M. A. K. (ed.). 1976. *System and Function in Language: Selected Papers by M. A. K. Halliday.* London: Oxford University Press. 101-135.

Halliday, M. A. K. 1966/1976. Some notes on "deep" grammar. In Halliday, M. A. K. (ed.). *System and Function in Language: Selected Papers by M. A. K. Halliday.* London: Oxford University Press.

Halliday, M. A. K. 1967. Notes on transitivity and theme in English: Part 1. *Journal of Linguistics* 3 (1): 37-81.

Halliday, M. A. K. 1968. Notes on transitivity and theme in English: Part 3. *Journal of Linguistics* 4 (2): 179-215.

Halliday, M. A. K. 1970. Language structure and language function. In John L. (ed.). *New Horizons in Linguistics.* Harmondsworth: Penguin. 140-165.

Halliday, M. A. K. 1977. Text as semantic choice in social contexts. In Van Dijk, T. & Petöfi, J. (eds.). *Grammars and Descriptions.* Berlin: Walter de Gruyter.

Halliday, M. A. K. 1985. *An Introduction to Functional Grammar* (1st ed.). London: Arnold.

Halliday, M. A. K. 1994/2000. *An Introduction to Functional Grammar* (2nd ed.). London: Arnold/Beijing: Foreign Language Teaching and Research Press.

Halliday, M. A. K. 2002a/2007. *On Grammar (The Collected Works of M. A. K. Halliday, Vol. 1,* edited by J. J. Webster). London: Continuum/Beijing: Peking University Press.

Halliday, M. A. K. 2002b/2007. *Linguistics Studies of Text and Discourse (The Collected Works of M. A. K. Halliday, Vol. 2,* edited by J. J. Webster). London: Continuum/Beijing: Peking University Press.

Halliday, M. A. K. 2003/2007. *On Language and Linguistics (The Collected Works of M. A. K. Halliday, Vol. 3,* edited by J. J. Webster). London: Continuum/

Beijing: Peking University Press.

Halliday, M. A. K. 2008. *Complementarities in Language*. Beijing: The Commercial Press.

Halliday, M. A. K. & Matthiessen, C. M. I. M. 2004/2008. *An Introduction to Functional Grammar* (3rd ed.). London: Arnold/Beijing: Foreign Language Teaching and Research Press.

Halliday, M. A. K. & Matthiessen C. M. I. M. 2014. *An Introduction to Functional Grammar* (4th ed.). London: Routledge.

Halliday, M. A. K. & McDonald, E. 2004. Metafunctional profile of the grammar of Chinese. In Caffarel, A., Martin J. R. & Matthiessen, C. M. I. M. (eds.). *Language Typology: A Functional Perspective*. Amsterdam: Benjamins. 305-395.

Long, R. J. 1981. *Transitivity in Chinese*. MA Thesis. Sydney: University of Sydney.

Li, Z. Z. 2004. *Review: Ling Theories: Halliday & Matthiessen*. 2003[2015-11-01]. http://linguistlist.org/issues/15/15-3129html.

Li, S. H. 2007. *A Systemic Functional Grammar of Chinese*. London & New York: Continuum.

Lock, G. 1996. *Functional English Grammar: An Introduction to Second Language Teachers*. Cambridge: Cambridge University Press.

Martin, J. R., Matthiessen, C. M. I. M. & Painter, C. 2010. *Deploying Functional Grammar*. Beijing: The Commercial Press.

Matthiessen, C. M. I. M. 1995. *Lexicogrammatical Cartography: English Systems*. Tokyo: International Language Science Publishers.

Matthiessen, C. M. I. M. & Halliday, M. A. K. 2009. *Systemic Functional Grammar: A First Step Into the Theory*. Beijing: Higher Education Press.

Neale, A. 2002. *More Delicate TRANSITIVITY: Extending the PROCESS TYPE System Networks for English to Include Full Semantic Classifications*. Welsh:

Cardiff University.

Thompson, G. 2004/2008. *Introducing Functional Grammar* (2nd ed.). London: Arnold/Beijing: Foreign Language Teaching and Research Press.

柴同文，2007，及物性：功能语法和认知语法的契合点，《外国语言文学研究》（1）：26-35。

陈庭珍，1957，汉语中处所词做主语的存在句，《中国语文》（8）：27-28。

程琪龙，1994，《系统功能语法导论》。汕头：汕头大学出版社。

程晓堂，2002，关于及物性系统中关系过程的两点存疑，《现代外语》（3）：311-317。载何伟、高生文（编），2011，《功能句法研究》。北京：外语教学与研究出版社。89-98。

程晓堂、梁淑雯，2008，及物性理论对英汉翻译中转译的启示，《外语与外语教学》（12）：42-45。

邓仁华，2015，汉语存在句的系统功能语法研究，《现代外语》（1）：37-47。

杜娟，2014，《功能语法教程》评介，《语言教育》（4）：92-95。

范芳莲，1963，存在句，《中国语文》（5）：386-395。

何伟、高生文、贾培培、张娇、邱靖娜，2015，《汉语功能句法分析》。北京：外语教学与研究出版社。

何伟、滑雪，2013，现代汉语"是"字的功能研究，《外语学刊》（1）：51-59。

何伟、马瑞芝，2009，加的夫语法及物性系统概观，《北京科技大学学报（社会科学版）》（1）：98-105+119。载何伟、高生文（编），2011，《功能句法研究》。北京：外语教学与研究出版社。72-88。

何伟、杨楠，2014，基于加的夫语法的现代汉语"动补结构"研究，《北京科技大学学报（社会科学版）》（1）：1-13。

胡壮麟，1994，《语篇的衔接与连贯》。上海：上海外语教育出版社。

胡壮麟，1999，系统功能语法与汉语语法研究。载马庆株（编），《语法研究入门》。北京：商务印书馆。252-270。

胡壮麟、朱永生、张德禄，1989，《系统功能语法概论》。长沙：湖南教育出版社。

胡壮麟、朱永生、张德禄、李战子，2005，《系统功能语言学概论》。北京：北京大学出版社。

黄国文，2000，韩礼德系统功能语言学40年发展述评，《外语教学与研究》（1）：15-21。

黄国文，2002，功能语言学分析对翻译研究的启示——《清明》英译文的经验功能分析，《外语与外语教学》（5）：1-6 + 11。

黄国文，2010，系统功能语言学研究方法论，《外语研究》（5）：1-5。

黄国文，2011，英语使役结构的功能分析。载何伟、高生文（编），《功能句法研究》。北京：外语教学与研究出版社，99-108。

黄国文、何伟、廖楚燕等，2008，《系统功能语法入门：加的夫模式》。北京：北京大学出版社。

李发根，2004a，小句经验功能与翻译，《外语与外语教学》（7）：46-50。

李发根，2004b，及物性过程理论与英汉语义功能等效翻译，《西安外国语学院学报》（2）：26-30。

李国庆，2005，试论及物性系统结构和语篇体裁，《外语教学》（6）：13-18。

李杰、宋成方，2005，《功能语法导论》（第三版）评述，《外语教学与研究》（4）：315-318。

黎锦熙，1924，《新著国语文法》。北京：商务印书馆。

李忠华，2003，英汉互译过程中及物性的变化，《山东理工大学学报（社会科学版）》（4）：99-102。

林崇德、杨治良、黄希庭，2003，《心理学大辞典》。上海：上海教育出版社。

刘世生，1998，关于及物关系分析的二元对立基础。载余渭深、李红、彭宣维（编），《语言的功能——系统、语用和认知》。重庆：重庆大学出版社。338-355。

刘月华、潘文娱、故韡，2001，《实用现代汉语语法》。北京：商务印书馆。

龙日金、彭宣维，2012，《现代汉语及物性研究》。北京：北京大学出版社。

马庆株，1988，自主动词和非自主动词，《中国语言学报》（3）：157-180。

彭宣维，2012，现代汉语及物性的进一步研究。载龙日金、彭宣维（著），
　　《现代汉语及物性研究》。北京：北京大学出版社。

宋玉柱，1988，略谈假存在句，《天津师大学报（社会科学版）》（6）：86-89。

苏杭、刘承宇，2012，悉尼语法与加的夫语法及物性理论对比，《北京科技
　　大学学报（社会科学版）》（1）：41-47。

王婷婷，2009，唐诗《登幽州台歌》英译文的概念功能分析。载黄国文
　　（编），《功能语言学与语篇分析研究》（第1辑）。北京：高等教育出版
　　社。274-281。

肖俊洪，1997，功能语法的"补语"与"参与者"，《外国语》（6）：36-39。

肖俊洪，1998，单一参与者角色过程的功能分析，载余渭深、李红、彭宣维
　　（编），《语言的功能——系统、语用和认知》。重庆：重庆大学出版社。
　　139-145。

邢福义，2002，《汉语语法三百问》。北京：商务印书馆。

杨国文，2001，汉语物质过程中"范围"成分与"目标"成分的区别，《语
　　言研究》（4）：8-17。

杨信彰，1998，英语作格系统与语篇教学。载余渭深、李红、彭宣维（编），
　　《语言的功能——系统、语用和认知》。重庆：重庆大学出版社。462-467。

张德禄、何继红，2011，韩礼德、哈桑访谈解评，《外国语》（5）：88-92。

张敬源、倪梦凝，2013，基于加的夫语法的现代汉语介词词组研究，《北京
　　科技大学学报（社会科学版）》（1）：12-22。

张敬源、王深，2013，基于加的夫语法的现代汉语"把"字结构及物性研究，
　　《当代外语研究》（4）：12-15。

张韧，1992，及物系统的及物性及其话语功能，《四川外语学院学报》（1）：
　　64-68。

张学成，1982，存现句，《语言学年刊》（5）：48-55。

张志公，1953，《汉语语法常识》。北京：中国青年出版社。

郑伟娜，2012，汉语把字句的及物性分析，《语言教学与研究》（1）：68-75。

周晓康，1990，从及物性系统看汉语动词的语法–语义结构，载胡壮麟（编），

《语言系统与功能》。北京：北京大学出版社。102-118。

周晓康，1993，汉语方位句，第20届国际系统功能语法研讨会论文，加拿大维多利亚大学。

周晓康，1999，现代汉语物质过程小句的及物性系统，《当代语言学》（3）：36-50。

朱德熙，1982，《语法讲义》。北京：商务印书馆。

朱士昌，1995，浅析英文小说中的及物性，《解放军外语学院学报》（2）：5-11。

朱永生、严世清，2001，《系统功能语言学多维思考》。上海：上海外语教育出版社。